は　じ　め　に

技能検定は、労働者の有する技能を一定の基準によって検定し、これを公証する国家検定制度であり、技能に対する社会一般の評価を高め、働く人々の技能と地位の向上を図ることを目的として、職業能力開発促進法に基づいて1959年（昭和34年）から実施されています。

当研究会では、1975年（昭和50年）から技能検定試験受検者の学習に資するため、過去に出題された学科試験問題（１・２級）に解説を付して、「学科試験問題解説集」を発行しております。

このたびさらに、平成30・令和元・２年度に出題された学科試験問題、ならびに令和２年度の実技試験問題を「技能検定試験問題集（正解表付き）」として発行することになりました。

本問題集が１級・２級の技能士を目指して技能検定試験を受検される多くの方々にご利用いただき、大きな成果が上がることを祈念いたします。

令和３年８月

一般社団法人 雇用問題研究会

目　　次

技能検定の概要

1　技能検定試験の等級区分

技能検定試験は合格に必要な技能の程度を等級ごとに次のとおりに区分しています。

特　　級：検定職種ごとの管理者又は監督者が通常有すべき技能及びこれに関する知識の程度

1　　級：検定職種ごとの上級の技能労働者が通常有すべき技能及びこれに関する知識の程度

2　　級：検定職種ごとの中級の技能労働者が通常有すべき技能及びこれに関する知識の程度

3　　級：検定職種ごとの初級の技能労働者が通常有すべき技能及びこれに関する知識の程度

単一等級：検定職種ごとの上級の技能労働者が通常有すべき技能及びこれに関する知識の程度

※これらの他に外国人実習生等を対象とした基礎級があります。

2　検定試験の基準

技能検定は、実技試験及び学科試験によって行われています。

実技試験は、実際に作業などを行わせて、その技量の程度を検定する試験であり、学科試験は、技能の裏付けとなる知識について行う試験です。

実技試験及び学科試験は、検定職種の等級ごとに、それぞれの試験科目及びその範囲が職業能力開発促進法施行規則により、また、その具体的な細目が厚生労働省職業能力開発局長通達により定められています。

(1)　実技試験

実技試験は、実際に作業（物の製作、組立て、調整など）を行わせて試験する、製作等作業試験が中心となっており、検定職種の大部分のものについては、その課題が試験日に先立って公表されています。

試験時間は、１級、２級及び単一等級については原則として５時間以内、３級については３時間以内が標準となっています。

また、検定職種によっては、製作等作業試験の他、実際的な能力を試験するため、次のような判断等試験又は計画立案等作業試験が併用されることがあります。

① 判断等試験

判断等試験は、製作等作業試験のみでは技能評価が困難な場合又は検定職種の性格や試験実施技術等の事情により製作等作業試験の実施が困難な場合に用いられるもので、例えば技能者として体得していなければならない基本的な技能について、原材料、模型、写真などを受検者に提示し、判別、判断などを行わせ、その技能を評価する試験です。

② 計画立案等作業試験

製作等作業試験、判断等試験の一方又は双方でも技能評価が不足する場合に用いられるもので、現場における実際的、応用的な課題を、表、グラフ、文章などにより設問したものを受検者に提示し、計算、計画立案、予測などを行わせることにより技能の程度を評価する試験です。

(2) 学科試験

学科試験は、単に学問的な知識を試験するものではなく、作業の遂行に必要な正しい判断力及び知識の有無を判定することに主眼がおかれています。また、それぞれの等級における試験の概要は次表のとおりです。

この中で、真偽法は一つの問題文の正誤を回答する形式であり、五肢択一法及び四肢択一法は一つの問題文について複数の選択肢の中から一つを選択して回答する形式です。

■学科試験の概要

等級区分	試験の形式	問題数	試験時間
特　級	五肢択一法	50 題	2 時間
1　級	真偽法及び四肢択一法	50 題	1 時間 40 分
2　級	真偽法及び四肢択一法	50 題	1 時間 40 分
3　級	真偽法	30 題	1 時間
単一等級	真偽法及び四肢択一法	50 題	1 時間 40 分

3 技能検定の受検資格

技能検定を受検するには、原則として検定職種に関する実務の経験が必要で、その年数は職業訓練歴、学歴等により異なっています（別表１参照）。

この実務の経験の範囲には、現場での作業のみならず管理、監督、訓練、教育及び研究の業務や訓練又は教育を受けた期間が含まれます。

4　試験の実施日程

技能検定試験は職種ごとに前期、後期に分かれていますが、日程の概要は次のとおりです。

項	前　期	後　期
受付期間	4月上旬～中旬	10月上旬～中旬
実技試験	6月上旬～9月上旬	12月上旬～翌年2月中旬
学科試験	8月下旬～9月上旬の日曜日 3級は7月中旬～下旬の日曜日	翌年1月下旬～2月上旬の日曜日
合格発表	10月上旬、3級は8月下旬	翌年3月中旬

※日程の詳細については都道府県職業能力開発協会(連絡先等は別表2参照) にお問い合わせ下さい。

5　技能検定の実施体制

技能検定は厚生労働大臣が定めた、実施計画に基づいて行うものですが、その実施業務は、厚生労働大臣、都道府県知事、中央職業能力開発協会、都道府県職業能力開発協会等の間で分担されており、受検の受付及び試験の実施については、都道府県職業能力開発協会が行っています。

6　技能検定試験受検手数料

技能検定試験の受検手数料は「実技試験：18,200円」及び「学科試験：3,100円」を標準額として、職種ごとに各都道府県で決定しています（令和3年4月1日現在、都道府県知事が実施する111職種)。

なお、35歳未満の方は、2級又は3級の実技試験の受検手数料が最大9,000円減額されます。詳しくは都道府県職業能力開発協会にお問い合わせ下さい。

7　技能検定の合格者

技能検定の合格者には、厚生労働大臣名（特級、1級、単一等級）又は都道府県知事名等（2級、3級）の合格証明が交付され、技能士と称することができます。

別表１

技能検定の受検に必要な実務経験年数一覧

（都道府県知事が実施する検定職種）

（単位：年）

<table>
<tr><th colspan="2" rowspan="2">受検対象者
（※１）</th><th>特級</th><th colspan="3">１　級</th><th colspan="2">２　級</th><th rowspan="2">３
級
（※７）</th><th rowspan="2">基礎級
（※７）</th><th rowspan="2">単一等級</th></tr>
<tr><th>１級
合格後</th><th></th><th>２級
合格後</th><th>３級
合格後</th><th></th><th>３級
合格後</th></tr>
<tr><td colspan="2">実務経験のみ</td><td rowspan="15">5</td><td>7</td><td rowspan="10">2</td><td rowspan="10">4</td><td>2</td><td rowspan="13">0</td><td>0 ※8</td><td>0 ※8</td><td>3</td></tr>
<tr><td colspan="2">専門高校卒業　※２
専修学校（大学入学資格付与課程に限る）卒業</td><td>6</td><td>0</td><td>0</td><td>0</td><td>1</td></tr>
<tr><td colspan="2">短大・高専・高校専攻科卒業　※２
専門職大学前期課程修了
専修学校（大学編入資格付与課程に限る）卒業</td><td>5</td><td>0</td><td>0</td><td>0</td><td>0</td></tr>
<tr><td colspan="2">大学卒業（専門職大学前期課程修了者を除く）　※２
専修学校（大学院入学資格付与課程に限る）卒業</td><td>4</td><td>0</td><td>0</td><td>0</td><td>0</td></tr>
<tr><td rowspan="3">専修学校　※３
又は各種学校卒業
（厚生労働大臣が指定したものに限る。）</td><td>800時間以上</td><td>6</td><td>0</td><td>0 ※9</td><td>0 ※9</td><td>1</td></tr>
<tr><td>1600時間以上</td><td>5</td><td>0</td><td>0 ※9</td><td>0 ※9</td><td>1</td></tr>
<tr><td>3200時間以上</td><td>4</td><td>0</td><td>0 ※9</td><td>0 ※9</td><td>0</td></tr>
<tr><td>短期課程の普通職業訓練修了 ※４ ※10</td><td>700時間以上</td><td>6</td><td>0</td><td>0 ※6</td><td>0 ※6</td><td>1</td></tr>
<tr><td rowspan="2">普通課程の普通職業訓練修了 ※４ ※10</td><td>2800時間未満</td><td>5</td><td>0</td><td>0</td><td>0</td><td>1</td></tr>
<tr><td>2800時間以上</td><td>4</td><td>0</td><td>0</td><td>0</td><td>0</td></tr>
<tr><td colspan="2">専門課程又は特定専門課程の高度職業訓練修了 ※４ ※10</td><td>3</td><td>1</td><td>2</td><td>0</td><td>0</td><td>0</td><td>0</td></tr>
<tr><td colspan="2">応用課程又は特定応用課程の高度職業訓練修了 ※10</td><td colspan="3">1</td><td>0</td><td>0</td><td>0</td><td>0</td></tr>
<tr><td colspan="2">長期課程又は短期養成課程の指導員訓練修了 ※10</td><td colspan="3">1 ※5</td><td>0 ※5</td><td>0</td><td>0</td><td>0</td></tr>
<tr><td colspan="2">職業訓練指導員免許取得</td><td colspan="3">1</td><td>―</td><td>―</td><td>―</td><td>―</td><td>0</td></tr>
<tr><td colspan="2">長期養成課程の指導員訓練修了 ※10</td><td colspan="3">0</td><td>0</td><td>0</td><td>0</td><td>0</td><td>0</td></tr>
</table>

※１：検定職種に関する学科、訓練科又は免許職種に限る。

※２：学校教育法による大学、短期大学又は高等学校と同等以上と認められる外国の学校又は他法令学校を卒業した者並びに独立行政法人大学改革支援・学位授与機構により学士の学位を授与された者は学校教育法に基づくそれぞれのものに準ずる。

※３：大学入学資格付与課程、大学編入資格付与課程及び大学院入学資格付与課程の専修学校を除く。

※４：職業訓練法の一部を改正する法律（昭和53年法律第40号）の施行前に、改正前の職業訓練法に基づく高等訓練課程又は特別高等訓練課程の養成訓練を修了した者は、それぞれ改正後の職業能力開発促進法に基づく普通課程の普通職業訓練又は専門課程の高度職業訓練を修了したものとみなす。また、職業能力開発促進法の一部を改正する法律（平成４年法律第67号）の施行前に、改正前の職業能力開発促進法に基づく専門課程の養成訓練を修了した者は、専門課程の高度職業訓練を修了したものとみなし、改正前の職業能力開発促進法に基づく普通課程の養成訓練又は職業転換課程の能力再開発訓練（いずれも800時間以上のものに限る。）を修了した者はそれぞれ改正後の職業能力開発促進法に基づく普通課程又は短期課程の普通職業訓練を修了したものとみなす。

※５：短期養成課程の指導員訓練のうち、実務経験者訓練技法習得コースの修了者については、訓練修了後に行われる能力審査（職業訓練指導員試験に合格した者と同等以上の能力を有すると職業能力開発総合大学校の長が認める審査）に合格しているものに限る。

※６：総訓練時間が700時間未満のものを含む。

※７：３級及び基礎級の技能検定については、上記のほか、検定職種に関する学科に在学する者及び検定職種に関する訓練科において職業訓練を受けている者も受検できる。また、３級の技能検定については工業高等学校に在学する者等であって、かつ、工業高等学校の教員等による検定職種に係る講習を受講し、当該講習の責任者から技能検定試験受検に際して安全衛生上の問題等がないと判定されたものも受検できる。

※８：検定職種に関し実務の経験を有する者について、受検資格を認めることとする。

※９：当該学校が厚生労働大臣の指定を受けたものであるか否かに関わらず、受検資格を付与する。

※10：職業能力開発促進法第92条に規定する職業訓練又は指導員訓練に準ずる訓練の修了者においても、修了した職業訓練又は指導員訓練の訓練課程に応じ、受検資格を付与する。

別表２　　# 都道府県及び中央職業能力開発協会所在地一覧

（令和３年４月現在）

協会名	郵便番号	所在地	電話番号
北海道職業能力開発協会	003-0005	札幌市白石区東札幌５条1-1-2　北海道立職業能力開発支援センター内	011-825-2386
青森県職業能力開発協会	030-0122	青森市大字野尻字今田 43-1　青森県立青森高等技術専門校内	017-738-5561
岩手県職業能力開発協会	028-3615	紫波郡矢巾町大字南矢幅 10-3-1　岩手県立産業技術短期大学校内	019-613-4620
宮城県職業能力開発協会	981-0916	仙台市青葉区青葉町 16-1	022-271-9917
秋田県職業能力開発協会	010-1601	秋田市向浜 1-2-1　秋田県職業訓練センター内	018-862-3510
山形県職業能力開発協会	990-2473	山形市松栄 2-2-1	023-644-8562
福島県職業能力開発協会	960-8043	福島市中町 8-2　福島県自治会館５階	024-525-8681
茨城県職業能力開発協会	310-0005	水戸市水府町 864-4　茨城県職業人材育成センター内	029-221-8647
栃木県職業能力開発協会	320-0032	宇都宮市昭和 1-3-10　栃木県庁舎西別館	028-643-7002
群馬県職業能力開発協会	372-0801	伊勢崎市宮子町 1211-1	0270-23-7761
埼玉県職業能力開発協会	330-0074	さいたま市浦和区北浦和 5-6-5　埼玉県浦和合同庁舎５階	048-829-2802
千葉県職業能力開発協会	261-0026	千葉市美浜区幕張西 4-1-10	043-296-1150
東京都職業能力開発協会	101-8527	千代田区内神田 1-1-5　東京都産業労働局神田庁舎５階	03-6631-6052
神奈川県職業能力開発協会	231-0026	横浜市中区寿町 1-4　かながわ労働プラザ６階	045-633-5419
新潟県職業能力開発協会	950-0965	新潟市中央区新光町 15-2　新潟県公社総合ビル４階	025-283-2155
富山県職業能力開発協会	930-0094	富山市安住町 7-18　安住町第一生命ビル２階	076-432-9887
石川県職業能力開発協会	920-0862	金沢市芳斉 1-15-15　石川県職業能力開発プラザ３階	076-262-9020
福井県職業能力開発協会	910-0003	福井市松本 3-16-10　福井県職員会館ビル４階	0776-27-6360
山梨県職業能力開発協会	400-0055	甲府市大津町 2130-2	055-243-4916
長野県職業能力開発協会	380-0836	長野市大字南長野南県町 688-2　長野県婦人会館３階	026-234-9050
岐阜県職業能力開発協会	509-0109	各務原市テクノプラザ 1-18　岐阜県人材開発支援センター内	058-260-8686
静岡県職業能力開発協会	424-0881	静岡市清水区楠 160	054-345-9377
愛知県職業能力開発協会	451-0035	名古屋市西区浅間 2-3-14　愛知県職業訓練会館内	052-524-2034
三重県職業能力開発協会	514-0004	津市栄町 1-954　三重県栄町庁舎４階	059-228-2732
滋賀県職業能力開発協会	520-0865	大津市南郷 5-2-14	077-533-0850
京都府職業能力開発協会	612-8416	京都市伏見区竹田流池町 121-3　京都府立京都高等技術専門校内	075-642-5075
大阪府職業能力開発協会	550-0011	大阪市西区阿波座 2-1-1　大阪本町西第一ビルディング６階	06-6534-7510
兵庫県職業能力開発協会	650-0011	神戸市中央区下山手通 6-3-30　兵庫勤労福祉センター１階	078-371-2091
奈良県職業能力開発協会	630-8213	奈良市登大路町 38-1　奈良県中小企業会館２階	0742-24-4127
和歌山県職業能力開発協会	640-8272	和歌山市砂山南 3-3-38　和歌山技能センター内	073-425-4555
鳥取県職業能力開発協会	680-0845	鳥取市富安 2-159　久本ビル５階	0857-22-3494
島根県職業能力開発協会	690-0048	松江市西嫁島 1-4-5　SP ビル２階	0852-23-1755
岡山県職業能力開発協会	700-0824	岡山市北区内山下 2-3-10　アマノビル３階	086-225-1547
広島県職業能力開発協会	730-0052	広島市中区千田町 3-7-47　広島県情報プラザ５階	082-245-4020
山口県職業能力開発協会	753-0051	山口市旭通り 2-9-19　山口建設ビル３階	083-922-8646
徳島県職業能力開発協会	770-8006	徳島市新浜町 1-1-7	088-663-2316
香川県職業能力開発協会	761-8031	高松市郷東町 587-1　地域職業訓練センター内	087-882-2854
愛媛県職業能力開発協会	791-1101	松山市久米窪田町 487-2　愛媛県産業技術研究所　管理棟２階	089-993-7301
高知県職業能力開発協会	781-5101	高知市布師田 3992-4	088-846-2300
福岡県職業能力開発協会	813-0044	福岡市東区千早 5-3-1　福岡人材開発センター２階	092-671-1238
佐賀県職業能力開発協会	840-0814	佐賀市成章町 1-15	0952-24-6408
長崎県職業能力開発協会	851-2127	西彼杵郡長与町高田郷 547-21	095-894-9971
熊本県職業能力開発協会	861-2202	上益城郡益城町田原 2081-10　電子応用機械技術研究所内	096-285-5818
大分県職業能力開発協会	870-1141	大分市大字下宗方字古川 1035-1	097-542-3651
宮崎県職業能力開発協会	889-2155	宮崎市学園木花台西 2-4-3	0985-58-1570
鹿児島県職業能力開発協会	892-0836	鹿児島市錦江町 9-14	099-226-3240
沖縄県職業能力開発協会	900-0036	那覇市西 3-14-1	098-862-4278
中央職業能力開発協会	160-8327	新宿区西新宿 7-5-25　西新宿プライムスクエア 11 階	03-6758-2859

半導体製品製造

実技試験問題

令和２年度技能検定

２級半導体製品製造（集積回路チップ製造作業）

実技試験（判断等試験）問題概要

実技試験は、次に示す判断等試験により行う。

1. 試験実施日

令和 3 年 1 月 24 日(日)に行う。

2. 試験時間及びその内容

課題番号	課　　題	試験時間
1	エッチング	10 分
2	フォトリソグラフィ	10 分
3	CVD	10 分
4	スパッタリング	10 分
5	酸化拡散及び測定装置	10 分
6	イオン注入	10 分
7	薬品･ガス（洗浄）	10 分
8	防塵《じん》管理・ユーティリティ管理	10 分
9	CMP	10 分

3. 持参工具等

品　名	寸法又は規格	数　量	備　考
筆記用具	鉛筆、消しゴム	一式	

4. その他

(1) 試験中に参考書やメモ(本概要への書き込みも含む)等を参照することは禁止とする。

(2) 試験中は、携帯電話、スマートフォン、ウェアラブル端末等の使用(電卓機能の使用を含む)を禁止とする。

令和２年度技能検定
１級半導体製品製造（集積回路チップ製造作業）
実技試験（判断等試験）問題概要

実技試験は、次に示す判断等試験により行う。

1. 試験実施日

令和３年１月24日(日)に行う。

2. 試験時間及びその内容

課題番号	課　題	試験時間
1	エッチング	10分
2	フォトリソグラフィ	10分
3	CVD	10分
4	スパッタリング	10分
5	酸化拡散及び測定装置	10分
6	イオン注入	10分
7	薬品・ガス(洗浄)	10分
8	防塵《じん》管理・ユーティリティ管理	10分
9	CMP	10分

3. 持参工具等

品　名	寸法又は規格	数　量	備　考
筆記用具	鉛筆、消しゴム	一式	

4. その他

(1)　試験中に参考書やメモ(本概要への書き込みも含む)等を参照することは禁止とする。

(2)　試験中は、携帯電話、スマートフォン、ウェアラブル端末等の使用(電卓機能の使用を含む)を禁止とする。

令和２年度技能検定
２級半導体製品製造（集積回路組立て作業）
実技試験（判断等試験）問題概要

実技試験は、次に示す判断等試験により行う。

1　試験実施日

令和３年１月24日(日)に行う。

2　試験時間及びその内容

課題番号	課題	試験時間
1	ダイシング工程等	10分
2	ダイボンディング工程等	10分
3	ワイヤボンディング工程等	10分
4	ワイヤボンディング工程、封止工程等	10分
5	リード加工、外装、端子形成、マーキング等	10分
6	パッケージ等	10分
7	IC(集積回路)組立工程(1)	10分
8	IC(集積回路)組立工程(2)	10分
9	安全衛生等	10分

3　持参工具等

品名	寸法又は規格	数量	備考
筆記用具	鉛筆、消しゴム	一式	

4　その他

(1)　試験中に参考書やメモ(本概要への書込みも含む。)等を参照することは禁止とする。

(2)　試験中は、携帯電話、スマートフォン、ウェアラブル端末等の使用（電卓機能の使用を含む）を禁止とする。

令和２年度技能検定

１級半導体製品製造（集積回路組立て作業）

実技試験（判断等試験）問題概要

実技試験は、次に示す判断等試験により行う。

1　試験実施日

令和３年１月24日(日)に行う。

2　試験時間及びその内容

課題番号	課題	試験時間
1	バックグラインディング工程、ダイシング工程等	10分
2	ダイボンディング工程等	10分
3	ワイヤボンディング工程等	10分
4	ワイヤボンディング工程、封止工程等	10分
5	リード加工、外装、端子形成、マーキング等	10分
6	パッケージ等	10分
7	IC(集積回路)組立工程(1)	10分
8	IC(集積回路)組立工程(2)	10分
9	安全衛生等	10分

3　持参工具等

品名	寸法又は規格	数量	備考
筆記用具	鉛筆、消しゴム	一式	

4　その他

(1)　試験中に参考書やメモ(本概要への書込みも含む。)等を参照することは禁止とする。

(2)　試験中は、携帯電話、スマートフォン、ウェアラブル端末等の使用（電卓機能の使用を含む）を禁止とする。

半導体製品製造

学科試験問題

令和２年度 技能検定
２級 半導体製品製造 学科試験問題
（集積回路チップ製造作業）

1. 試験時間　1時間 40 分
2. 問題数　50 題(A 群 25 題、B 群 25 題)
3. 注意事項

(1)　係員の指示があるまで、この表紙はあけないでください。

(2)　答案用紙(真偽法と多肢択一法の併用)に検定職種名、作業名、級別、受検番号、氏名を必ず記入してください。

(3)　係員の指示に従って、問題数を確かめてください。それらに異常がある場合は、黙って手を挙げてください。問題は A 群(真偽法)と B 群(多肢択一法)とに分かれています。

(4)　試験開始の合図で始めてください。

(5)　解答の方法(真偽法と多肢択一法の併用)は次のとおりです。

イ.　A 群の問題(真偽法)は、一つ一つの問題の内容が正しいか、誤っているかを判断して解答してください。

ロ.　B 群の問題(多肢択一法)は、正解と思うものを一つだけ選んで、解答してください。二つ以上に解答した場合は誤答となります。

ハ.　答案用紙(マークシート用紙)へ解答する際は、答案用紙に記載されている注意事項に従ってください。

ニ.　答案用紙の解答欄は、A 群の問題と B 群の問題とでは異なります。所定の解答欄に、試験問題の題数に応じて解答してください。解答欄は A 群は 50 題まで、B 群は 25 題まで解答できるようになっています。

(6)　電子式卓上計算機その他これと同等の機能を有するものは、使用してはいけません。

(7)　携帯電話、スマートフォン、ウェアラブル端末等は、使用してはいけません。

(8)　試験中、質問があるときは、黙って手を挙げてください。ただし、試験問題の内容、漢字の読み方等に関する質問にはお答えできません。

(9)　試験終了時刻前に解答ができあがった場合は、黙って手を挙げて、係員の指示に従ってください。

(10)　試験中に手洗いに立ちたいときは、黙って手を挙げて、係員の指示に従ってください。

(11)　試験終了の合図があったら、筆記用具を置き、係員の指示に従ってください。

［A群（真偽法）］

1 単位体積中に含まれるキャリアであるホール(正孔)の数が、自由電子の数より多い半導体をP形半導体という。

2 Si の単結晶は、ダイヤモンド型構造である。

3 Si 結晶中にBを加えると、共有結合の際にBの電子が1個余る。

4 MOSとは、metal-oxide-semiconductor の略である。

5 PN接合ダイオードは、整流に使用する場合、N形半導体からP形半導体の方向に電流が流れる。

6 DRAM(ダイナミックRAM)は、一定周期でリフレッシュしないとメモリ内容が消失してしまう。

7 φ300 mmのウェーハは、φ200 mmのウェーハに比べ、ICチップの取得数は1.5倍になる。

8 10 Ωの抵抗を5個並列に接続すると、合成抵抗は50 Ωになる。

9 3 pFのコンデンサを3個並列につなぐと、合成静電容量は1 pFになる。

10 気密封止パッケージの組立て工程は、温湿度管理をしていれば、クリーン度は要求されない。

11 下記の作業の歩留りは、95 %である。
作業予定数・・・・・ 500 個
作業投入数・・・・・ 490 個
良品数・・・・・・・ 475 個

12 正規分布のばらつきを表すのに標準偏差σ（シグマ)を用いるが、このσ 値が大きいほど、ばらつきは小さい。

13 日本産業規格(JIS)によれば、製図に用いられる[寸法補助記号]とその[意味]の組合せは、いずれも正しい。

[寸法補助記号]	[意味]
R	直径
□	正方形の辺

［A群（真偽法）］

14 製造物責任法(PL法)関係法令で、製造者は、製品の欠陥によって人の生命、身体又は財産に損害が生じた場合、発生した損害に対して賠償責任を負わなければならないと規定されている。

15 環境基本法関係法令によれば、事業者は、その事業活動を行うに当たっては、これに伴って生ずるばい煙、汚水、廃棄物等の処理その他の公害を防止し、又は自然環境を適正に保全するために必要な措置を講ずる責務を有する。

16 ドライエッチングのプラズマからは紫外線が出ているため、エッチングチャンバーの覗き窓からプラズマ光を直接見るのは、目によくない。

17 酸素プラズマによるフォトレジストの除去は、フォトレジストが、酸素プラズマにより、炭酸ガス(CO_2)と水(H_2O)になることを利用している。

18 表面保護に用いられるシリコン窒化膜のエッチングには、O_2 によるドライエッチングが適している。

19 縮小投影型露光方式は、等倍投影型露光方式に比べ、解像性能が低い。

20 四探針測定装置は、シート抵抗を測定する装置である。

21 フォトリソグラフィ及びエッチング工程で、1μm以下のパターン寸法を測定するには、一般に測長SEMが用いられる。

22 Al 配線エッチングには、RIE(リアクティブイオンエッチング)を使うことが多いが、反応ガスとして塩素系ガスを用いるため、後処理が不十分だとAl 配線の腐食を起こす可能性がある。

23 ダイヤフラム真空計は、10^{-4} Pa以下の真空度測定に適している。

24 シランガス配管のリーク確認作業は、実ガスを用いて加圧チェックを行う。

25 超純水中の溶存酸素は、配管内の生菌の増殖や、ウェーハ上の洗浄工程での自然酸化膜の形成に影響する。

［B群（多肢択一法）］

1　ORを表すMIL論理記号はどれか。

イ　ロ　ハ　ニ

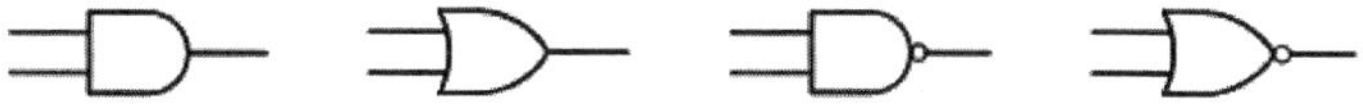

2　スクリーニングの説明として、正しいものはどれか。

イ　使用期間における初期故障を減らすために行う試験

ロ　使用期間における摩耗故障を減らすために行う試験

ハ　使用期間における偶発故障を減らすために行う試験

ニ　使用期間における成熟故障を減らすために行う試験

3　文中の(　　)内に当てはまる語句として、正しいものはどれか。

生産設備の性能評価のための指数の一つとしてMTBFが用いられるが、日本産業規格(JIS)の「生産管理用語」によれば、これは(　　)のことである。

イ　平均故障時間

ロ　平均稼働時間

ハ　平均故障間隔

ニ　平均故障修理時間

4　品質管理で、項目別に層別して出現頻度の大きさの順に並べるとともに、累積和を示した図はどれか。

イ　ヒストグラム

ロ　散布図

ハ　パレート図

ニ　アローダイヤグラム

5　耐湿性を調べる試験はどれか。

イ　バーンインテスト

ロ　剪《せん》断強度試験

ハ　温度サイクル試験

ニ　PCT(プレッシャークッカーテスト)

［B群（多肢択一法）］

6　文中の(　　)内に当てはまる語句の組合せとして、適切なものはどれか。

一般に、常圧CVD装置と減圧CVD装置を比較した場合、処理温度は、(　A　)の方が高い。また、プラズマCVD装置と減圧CVD装置を比較した場合、処理温度の低温化が計れるのは、(　B　)である。

	(　A　)	(　B　)
イ	常圧CVD装置	プラズマCVD装置
ロ	常圧CVD装置	減圧CVD装置
ハ	減圧CVD装置	プラズマCVD装置
ニ	減圧CVD装置	減圧CVD装置

7　文中の(　　)内に当てはまる語句として、正しいものはどれか。

CMPは、ウェーハ表面を(　　)することで不要な膜を除去したり、段差を取り除いて表面を平坦化する技術である。

イ　エッチング
ロ　スパッタ
ハ　イオンミリング
ニ　研磨

8　フォトリソグラフィ工程でのプロセスパラメータとして、適切でないものはどれか。

イ　露光量
ロ　エッチング量
ハ　線幅
ニ　重ね合わせ精度

9　文中の(　　)内に当てはまる語句として、適切なものはどれか。

イオン注入後のアニールは、結晶の損傷を回復させる目的と、注入されたイオンをシリコン基板の中のドナーあるいは(　　)となるキャリアとして活性化させる目的がある。

イ　アクセプタ
ロ　不純物
ハ　イオン
ニ　チャネリング

10　文中の(　　)内に当てはまる語句の組合せとして、適切なものはどれか。

一般に、スパッタによるTiN 成膜では、(　A　)が用いられ、Ar ガスと(　B　)の混合、または、(　B　)のみが使用される。

	(　A　)	(　B　)
イ	反応性スパッタ法	N_2O ガス
ロ	反応性スパッタ法	N_2 ガス
ハ	高温スパッタ法	N_2O ガス
ニ	高温スパッタ法	N_2 ガス

［B群（多肢択一法）］

11　ウェーハの洗浄に用いる下記薬液のうち、最も酸化力が強く有機物を酸化分解する能力の高い薬液はどれか。

イ　APM（アンモニア水、過酸化水素水混合液）
ロ　HPM（塩酸、過酸化水素水混合液）
ハ　SPM（硫酸、過酸化水素水混合液）
ニ　ふっ酸

12　文中の（　　）内に当てはまる語句の組合せとして、適切なものはどれか。

イオン注入機によるイオン注入量＜ドーズ量＞は、（　A　）が広く使用され、また、ウェル形成には、シリコン基板の深くまで注入できる（　B　）が使用される。

	（ A ）	（ B ）
イ	1×10^{5} 〜 1×10^{12} cm^{-2}	大電流イオン注入機
ロ	1×10^{5} 〜 1×10^{12} cm^{-2}	高電圧(高エネルギー)イオン注入機
ハ	1×10^{10} 〜 1×10^{16} cm^{-2}	大電流イオン注入機
ニ	1×10^{10} 〜 1×10^{16} cm^{-2}	高電圧(高エネルギー)イオン注入機

13　文中の（　　）内に当てはまる語句の組合せとして、適切なものはどれか。

ウェーハの分析、解析用装置において、形状評価としての代表的なものに（　A　）があり、不純物評価としての代表的なものに（　B　）がある。

	（ A ）	（ B ）
イ	光電子増倍管	イオンマイクロアナライザー
ロ	光電子増倍管	X線トポグラフ
ハ	走査型電子顕微鏡	イオンマイクロアナライザー
ニ	走査型電子顕微鏡	X線トポグラフ

14　文中の（　　）内に当てはまる語句の組合せとして、適切なものはどれか。

常圧CVD装置の主な管理項目には（　A　）とガス流量があり、ガス流量の制御は（　B　）で行っている。

	（ A ）	（ B ）
イ	温度	マスフローコントローラ
ロ	温度	レギュレータ
ハ	真空度	マスフローコントローラ
ニ	真空度	レギュレータ

［B群（多肢択一法）］

15　ウェーハ製造装置の調整、保全方法に関する記述として、誤っているものはどれか。

イ　ドライエッチング装置の定期メンテナンスを実施後、エッチングレートを測定したところ、レートが低く規格外れであった。そこでレシピ内のパワーを20%高く入力し、再度エッチングしたところ規格内となったため合格とした。

ロ　ステッパのランプを交換したところ照度分布が2.2%となり、規格の2.0%をオーバーして規格外れとなった。そこで、位置調整をした結果1.8%になったので合格とした。

ハ　イオン注入装置の定期ドーズ量検査にてシート抵抗値が管理限界以内で低めとなった。ファラデー部を確認したところ、汚れが確認されたのでクリーニングを実施したところ正常値となり、製品作業を再開した。

ニ　CVD作業後、膜厚を測定したところ管理限界内であったが高めであったので、デポ時間を短くして次の製品の作業をした。

16　ドライエッチングにおけるエッチングレートを算出するための測定器として、適切でないものはどれか。

イ　光学式膜厚測定器

ロ　SEM

ハ　接触式段差測定器

ニ　SIMS

17　次に示す加工装置のうち、一般に半導体素子にダメージを与えないものはどれか。

イ　レジストアッシング装置

ロ　減圧CVD装置

ハ　プラズマCVD装置

ニ　メガソニック洗浄装置

18　防塵管理に関する記述として、適切でないものはどれか。

イ　製品作業エリアの気流は一定方向に制御し、異物や、パーティクル発生の可能性のあるものは、ウェーハの置かれる箇所よりも上流に設置する。

ロ　製品作業エリアは、メンテナンス域よりも清浄度を上げる。

ハ　クリーンルームは、塵埃の吹込みを防止するため、外部よりも陽圧にする。

ニ　クリーンルームでは、定期的に床や壁等の清掃を行う。

19　文中の(　　)内に当てはまる語句の組合せとして、適切なものはどれか。

拡散炉の汚染評価として、アルカリ金属汚染には(　A　)測定が、重金属汚染や結晶欠陥には(　B　)測定が有効である。

	(A)	(B)
イ	I−V	エリプソメータ
ロ	I−V	ライフタイム
ハ	C−V	エリプソメータ
ニ	C−V	ライフタイム

［B群（多肢択一法）］

20　文中の(　　)内に当てはまる語句の組合せとして、適切なものはどれか。

クリーンルーム内には、多種多様の汚染物質が浮遊しており、これらの微粒子の挙動は、(　A　)による不規則な動きをしている。また、建物の塗料やプロセス材料から発生する(　B　)も問題となっている。

	(　A　)	(　B　)
イ	ブラウン運動	化学物質
ロ	ブラウン運動	ミスト
ハ	加速度運動	化学物質
ニ	加速度運動	ミスト

21　電離真空計に関する記述として、誤っているものはどれか。

イ　気体分子を電離することにより生ずるイオン電流を測定して、圧力を求める真空計である。

ロ　フィラメント通電直後は、測定管からのガスの放出により、実際の圧力より高く表示されることがある。

ハ　圧力の指示値が測定する気体の種類によって変わらないので、中真空から高真空領域で広く使われている。

ニ　圧力が高いときはフィラメントを焼損することがあるので、一定圧力以下になってからフィラメントのスイッチを入れる必要がある。

22　真空装置のリークを検出するために用いられるヘリウムガスに関する記述として、誤っているものはどれか。

イ　不活性ガスであるため、他のガスとの反応がなく、また、装置汚染もない。

ロ　人体に無害で、引火性もなく、安全なガスである。

ハ　質量数が小さく、微小リークの検知に適している。

ニ　大気中に多く存在しており、安価に得られる。

23　文中の(　　)内に当てはまる語句の組合せとして、適切なものはどれか。

気体から液体に変化することを(　A　)といい、その時に発生する熱は(　B　)である。

	(　A　)	(　B　)
イ	凝縮	吸収熱
ロ	凝縮	放出熱
ハ	融解	吸収熱
ニ	融解	放出熱

［B群（多肢択一法）］

24　薬品に関する記述として、誤っているものはどれか。

イ　アンモニア水溶液を取り扱う場合は、保護具として、酸性ガス用防毒マスク、保護眼鏡、保護手袋、保護服を使用する。

ロ　ふっ酸を取り扱う場合は、保護具として、酸性ガス用防毒マスク、保護眼鏡、保護手袋、保護服を使用する。

ハ　りん酸を取り扱う場合は、保護具として、酸性ガス用防毒マスク、保護眼鏡、保護手袋、保護服を使用する。

ニ　硝酸を取り扱う場合は、保護具として、酸性ガス用防毒マスク、保護眼鏡、保護手袋、保護服を使用する。

25　文中の(　　)内に当てはまる語句の組合せとして、適切なものはどれか。

超純水の(　A　)は、25 ℃で約18 MΩ·cmであり、水温が上がるほど(　B　)なる傾向を示す。

	(A)	(B)
イ	電気抵抗率	高く
ロ	電気抵抗率	低く
ハ	導電率	高く
ニ	導電率	低く

令和元年度 技能検定
2級 半導体製品製造 学科試験問題
（集積回路チップ製造作業）

1. 試験時間　1時間40分
2. 問題数　50題(A群25題、B群25題)
3. 注意事項

(1) 係員の指示があるまで、この表紙はあけないでください。

(2) 答案用紙(真偽法と多肢択一法の併用)に検定職種名、作業名、級別、受検番号、氏名を必ず記入してください。

(3) 係員の指示に従って、問題数を確かめてください。それらに異常がある場合は、黙って手を挙げてください。問題はA群(真偽法)とB群(多肢択一法)とに分かれています。

(4) 試験開始の合図で始めてください。

(5) 解答の方法(真偽法と多肢択一法の併用)は次のとおりです。

イ. A群の問題(真偽法)は、一つ一つの問題の内容が正しいか、誤っているかを判断して解答してください。

ロ. B群の問題(多肢択一法)は、正解と思うものを一つだけ選んで、解答してください。二つ以上に解答した場合は誤答となります。

ハ. 答案用紙(マークシート用紙)へ解答する際は、答案用紙に記載されている注意事項に従ってください。

ニ. 答案用紙の解答欄は、A群の問題とB群の問題とでは異なります。所定の解答欄に、試験問題の題数に応じて解答してください。解答欄はA群は50題まで、B群は25題まで解答できるようになっています。

(6) 電子式卓上計算機その他これと同等の機能を有するものは、使用してはいけません。

(7) 携帯電話等は、使用してはいけません。

(8) 試験中、質問があるときは、黙って手を挙げてください。ただし、試験問題の内容、漢字の読み方等に関する質問にはお答えできません。

(9) 試験終了時刻前に解答ができあがった場合は、黙って手を挙げて、係員の指示に従ってください。

(10) 試験中に手洗いに立ちたいときは、黙って手を挙げて、係員の指示に従ってください。

(11) 試験終了の合図があったら、筆記用具を置き、係員の指示に従ってください。

[A群(真偽法)]

1 半導体において、単位体積中に含まれるキャリアである正孔(ホール)の数が、電子の数よりも多いものをN形半導体という。

2 Siの結晶構造は、体心立方格子構造である。

3 GaAsの特長の一つに、Siに比べ、電子の移動度が大きいことが挙げられる。

4 Siの結晶中にBを加えると、自由電子ができてN形の半導体になる。

5 MOS構造の“O”とは、Organic(有機)を意味する。

6 PN接合素子には、電流の整流作用がない。

7 ポジフォトレジストとは、露光された部分が現像液によって可溶となるタイプのフォトレジストをいう。

8 10 Ωの抵抗を5個並列に接続したときの合成抵抗は2 Ωである。

9 導線の電気抵抗は、導線が長くなると小さくなり、断面積が大きくなると大きくなる。

10 初期故障モードを示す不具合品を、適切なスクリーニングを行って除去することによって、製品の初期故障率を低減させることができる。

11 装置の信頼性を評価する指標の一つとして、MTBFが用いられる。

12 統計処理において中央値とは、最大値と最小値の平均値である。

13 日本工業規格(JIS)によれば、下記の製図に用いられる寸法補助記号とその意味との組合せはいずれも正しい。

寸法補助記号	意味
R	半径
□	正方形の辺

14 労働安全衛生法関係法令によれば、製造業で、常時50人以上の労働者を使用する場合は、安全管理者を選任する必要がある。

15 大気汚染防止法及び水質汚濁防止法は、いずれも生活環境の保全に関連する法律である。

［A群(真偽法)］

16 イオン注入装置において、加速電圧を高くすると不純物イオンを深く注入することができる。

17 Siの酸化速度は、酸化膜が厚くなるほど遅くなる。

18 レチクル上に付着するゴミからパターンを守るフィルムをペリクルと呼ぶ。

19 一般に、縮小投影露光装置(ステッパ)では、露光波長が長いほど解像度が向上する。

20 エリプソメータは、誘電率を測定する装置である。

21 ピラニ真空計は、隔膜の弾性変形を利用して圧力を測定する。

22 Alのエレクトロマイグレーションを防止するためには、Al中にSiを添加するとよい。

23 バタフライバルブは、真空チャンバ内圧力調整に用いられる。

24 アンモニア(NH_3)ボンベの残量確認は、ボンベガスレギュレータの一次圧で行う。

25 純水の製造過程で、銅や鉄などの重金属イオンは、主にイオン交換装置や逆浸透膜(RO)装置で除去され、微粒子は、主に限外ろ過器で除去される。

［B群(多肢択一法)］

1　真理値表の中で、ORを表すものはどれか。

イ

入力		出力
A	B	C
0	0	0
0	1	0
1	0	0
1	1	1

ロ

入力		出力
A	B	C
0	0	0
0	1	1
1	0	1
1	1	1

ハ

入力		出力
A	B	C
0	0	1
0	1	1
1	0	1
1	1	0

ニ

入力		出力
A	B	C
0	0	1
0	1	0
1	0	0
1	1	0

2　NMOS LSIと比較した場合、CMOS LSIの特徴として、誤っているものはどれか。

イ　消費電力が多い。

ロ　雑音に比較的強い。

ハ　低電圧動作が容易である。

ニ　製造プロセスが複雑で長い。

3　1枚のウェーハに設計上200個のチップがある。工程歩留80 %の製品を15,000 個生産するのに必要なウェーハ枚数は何枚か。

イ　75枚

ロ　84枚

ハ　94枚

ニ　105枚

4　次のうちQC7つ道具として、正しいものはどれか。

イ　チェックシート、グラフ、パレート図、特性要因図、散布図、ヒストグラム、管理図

ロ　チェックシート、グラフ、系統図、特性要因図、散布図、ヒストグラム、管理図

ハ　チェックシート、グラフ、パレート図、アローダイヤグラム、散布図、ヒストグラム、管理図

ニ　チェックシート、グラフ、パレート図、特性要因図、散布図、連関図、管理図

[B群(多肢択一法)]

5　下図は、バスタブ・カーブ(故障率の時間的推移)である。図中(　　)の期間として、適切な組合せはどれか。

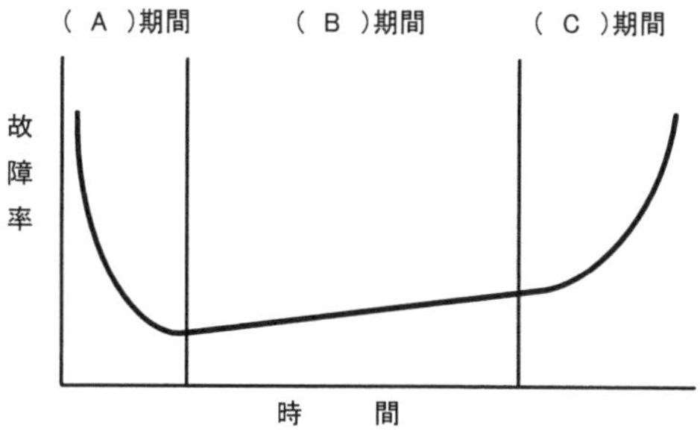

	A	B	C
イ	初期故障	量産故障	成熟故障
ロ	偶発故障	初期故障	摩耗故障
ハ	初期故障	偶発故障	摩耗故障
ニ	初期故障	摩耗故障	偶発故障

6　シリコン酸化膜をエッチングする際に使用する薬液として、適切なものはどれか。
イ　フッ化水素酸と硝酸の混合液
ロ　水酸化ナトリウム水溶液
ハ　フッ化水素酸とフッ化アンモニウムの混合液
ニ　リン酸と硝酸の混合液

7　文中の(　　)内に当てはまる語句として、適切なものはどれか。
　スパッタとは、金属ターゲットを放電ガスの(　　)で物理的にたたき出して基板上に堆積させるものである。
イ　電子
ロ　分子
ハ　イオン
ニ　陽子

8　文中の(　　)内に当てはまる語句として、正しいものはどれか。
　CMP工程では、ウェーハ表面の凸部は、(　　)と研磨パッドによる化学的・機械的作用で研磨・除去される。
イ　反応ガス
ロ　プラズマ
ハ　スラリー
ニ　エッチング液

[B群(多肢択一法)]

9 SiゲートのMOS ICの一般的な製造工程順序として、適切なものはどれか。

イ　ゲート → 素子分離 → ソース・ドレイン

ロ　素子分離 → ゲート → ソース・ドレイン

ハ　素子分離 → ソース・ドレイン → ゲート

ニ　ゲート → ソース・ドレイン → 素子分離

10 イオン注入工程に関する記述として、誤っているものはどれか。

イ　チャネリング現象とは、注入されたイオンが結晶格子内の隙間を進み、Si基板深く注入されることである。

ロ　エネルギーコンタミネーション現象とは、イオンと残留ガスとの衝突により、目的としないエネルギーのイオンが発生・混入することである。

ハ　イオン注入では、チャージアップによる酸化膜の静電破壊が発生することがある。

ニ　シャドーイング現象とは、イオンビーム同士が干渉して、所望の濃度を得られないことである。

11 LOCOSプロセスのマスク材料として用いられているものはどれか。

イ　タングステン膜

ロ　リンガラス膜

ハ　シリコン酸化膜

ニ　シリコン窒化膜

12 ステッパーに関する記述として、誤っているものはどれか。

イ　縮小投影レンズのNA（開口数）が大きいほど、焦点深度は浅くなる。

ロ　縮小投影レンズのNA（開口数）が大きいほど、高解像度が得られる。

ハ　KrFエキシマステッパーは、波長λ=436nmの光を用いている。

ニ　光源から出た光は、フライアイレンズを通過して、光束の光強度が均一になる。

13 文中の(　　)内に当てはまる語句として、正しいものはどれか。

イオン注入装置のドーズ量制御は、ファラデーカップで検出した(　　)値にて行う。

イ　電圧

ロ　電流

ハ　抵抗

ニ　周波数

［B群(多肢択一法)］

14　スパッタで形成した約800nmのAl膜厚の管理における測定方法として、適切でないものはどれか。

イ　四探針測定器

ロ　段差測定器

ハ　蛍光X線

ニ　エリプソメータ

15　文中の(　　)内に当てはまる語句の組合せとして、適切なものはどれか。

拡散炉の処理温度を実際に測定する場合は(　A　)を用いて行う。この原理としては、温度により(　B　)が変化することを用いている。

	A	B
イ	サーモラベル	体積膨張
ロ	サーモラベル	熱起電力
ハ	熱電対	体積膨張
ニ	熱電対	熱起電力

16　文中の（　　）内に当てはまる語句の組合せとして、適切なものはどれか。

シート抵抗を4探針法で測定する場合、外側2探針間に（　A　）、内側2探針間の（　B　）を測定する。

	A	B
イ	一定の電流を流し	電圧
ロ	一定の電圧を印加し	電流
ハ	一定の電流を流し	電流
ニ	一定の電圧を印加し	電圧

17　半導体基板に結晶欠陥をもたらす原因として、関連がないものはどれか。

イ　重金属汚染

ロ　ナトリウム汚染

ハ　不純物拡散時の急熱急冷

ニ　イオン注入量の過大

18　文中の(　　)内に当てはまる語句として、適切なものはどれか。

ウェーハ製造工程における金属汚染物質の一つとして、(　　)があるが、これは作業をする人の皮膚、汗に含まれており、防塵衣を含めた管理が必要である。

イ　Al

ロ　Au

ハ　Cu

ニ　Na

[B群(多肢択一法)]

19 金属汚染の管理に使用される分析方法は、大きく分けて化学的分析法と物理的分析法に分けられるが、化学的分析法に分類される方法はどれか。

イ 原子吸光分析法

ロ 全反射蛍光X線法

ハ ライフタイム法

ニ SPV(Surface Photovoltage)法

20 ウェーハに付着した金属汚染を除去するために用いる洗浄方法で、次のうち最も適切なものはどれか。

イ HPM(HCl、H_2O_2、H_2O)洗浄

ロ APM(NH_4OH、H_2O_2、H_2O)洗浄

ハ H_2O_2洗浄

ニ H_2O洗浄

21 真空領域と計測器の組合せとして、計測に適切でないものはどれか。

	真空領域	計測器
イ	低真空 (10^5～10^2Pa)	ダイヤフラム真空計
ロ	中真空 (10^2～10^{-1}Pa)	ピラニ真空計
ハ	高真空 (10^{-1}～10^{-5}Pa)	熱電対真空計
ニ	超高真空(10^{-5}Pa以下)	電離真空計

22 文中の(　　)内に当てはまる語句として、適切なものはどれか。

電離真空計は、気体分子の(　　)を測定することによって、圧力を測定する真空計である。

イ イオン電圧

ロ イオン電流

ハ 熱伝導

ニ 比抵抗

23 文中の(　　)内に当てはまる語句の組合せとして、適切なものはどれか。

(A)の入った密閉容器を一定の温度に保った状態では、蒸気は一定の圧力となって液体と蒸気は平衡状態を保つ。この圧力をその温度における(B)という。(A)の(B)は、一般に、温度が上がれば(C)なる。

	A	B	C
イ	圧縮ガス	気化圧	小さく
ロ	圧縮ガス	蒸気圧	大きく
ハ	液化ガス	蒸気圧	大きく
ニ	液化ガス	気化圧	小さく

[B群(多肢択一法)]

24 文中の(　　)内に当てはまる語句として、適切なものはどれか。
薬品の(　　)濃度が純水より高い場合、その薬品は酸性である。
イ　塩素イオン
ロ　ナトリウムイオン
ハ　水素イオン
ニ　水酸化物イオン

25 純水の性質として、誤っているものはどれか。
イ　無色透明
ロ　微粒子が少ない
ハ　pHが1以下
ニ　比抵抗が高い

平成 30 年度 技能検定
2 級 半導体製品製造 学科試験問題
（集積回路チップ製造作業）

1. 試験時間　1 時間 40 分
2. 問題数　50 題(A 群 25 題、B 群 25 題)
3. 注意事項

(1)　係員の指示があるまで、この表紙はあけないでください。

(2)　答案用紙(真偽法と多肢択一法の併用)に検定職種名、作業名、級別、受検番号、氏名を必ず記入してください。

(3)　係員の指示に従って、問題数を確かめてください。それらに異常がある場合は、黙って手を挙げてください。問題は A 群(真偽法)と B 群(多肢択一法)とに分かれています。

(4)　試験開始の合図で始めてください。

(5)　解答の方法(真偽法と多肢択一法の併用)は次のとおりです。

イ．　A 群の問題(真偽法)は、一つ一つの問題の内容が正しいか、誤っているかを判断して解答してください。

ロ．　B 群の問題(多肢択一法)は、正解と思うものを一つだけ選んで、解答してください。二つ以上に解答した場合は誤答となります。

ハ．　答案用紙(マークシート用紙)へ解答する際は、答案用紙に記載されている注意事項に従ってください。

ニ．　答案用紙の解答欄は、A 群の問題と B 群の問題とでは異なります。所定の解答欄に、試験問題の題数に応じて解答してください。解答欄は A 群は 50 題まで、B 群は 25 題まで解答できるようになっています。

(6)　電子式卓上計算機その他これと同等の機能を有するものは、使用してはいけません。

(7)　携帯電話等は、使用してはいけません。

(8)　試験中、質問があるときは、黙って手を挙げてください。ただし、試験問題の内容、漢字の読み方等に関する質問にはお答えできません。

(9)　試験終了時刻前に解答ができあがった場合は、黙って手を挙げて、係員の指示に従ってください。

(10)　試験中に手洗いに立ちたいときは、黙って手を挙げて、係員の指示に従ってください。

(11)　試験終了の合図があったら、筆記用具を置き、係員の指示に従ってください。

［A群(真偽法)］

1 GaAsは、化合物半導体の一つである。

2 Si単結晶では、Si原子は共有結合し、その結晶構造はダイヤモンド構造である。

3 真性半導体の温度を高くすると、抵抗率は高くなる。

4 一般に、GaAsの電子の移動度は、Siの電子の移動度に比べて大きい。

5 一般に、MOS ICは、バイポーラICよりも消費電力が大きい。

6 DRAM（ダイナミックRAM）は一定周期でリフレッシュしないとメモリ内容が消失してしまう。

7 バーンインテストとは、高温で通電を行い、初期故障モードを示す不具合品を除去するスクリーニングテストである。

8 導体の抵抗は、材料が同じならば、形状が異なっても抵抗値は変わらない。

9 三相電動機の回転速度は、電源周波数に比例して速くなる。

10 気密封止パッケージの組立て工程では、温湿度管理をしていればクリーン度は要求されない。

11 スタックドMCP(マルチチップパッケージ)とは、一つのパッケージ内の同一平面上に複数個のチップを配置したパッケージである。

12 特定の結果と要因との関係を系統的に魚の骨のような形で表したものを、パレート図という。

13 日本工業規格(JIS)によれば、機械製図の投影法での中心線は、細い二点鎖線を用いることと規定されている。

14 製造物責任法(PL法)では、製品の欠陥によって人の生命、身体又は財産に損害が生じた場合、製造者は発生した損害に対して賠償責任を負わなければならないとしている。

15 フェールセーフとは、人間が機械の操作を誤っても、それが災害につながる前に警報が働く機能を意味する。

16 イオン注入装置において、不純物イオンを深く注入する場合は、加速電圧を低くする。

［A群(真偽法)］

17　エッチングには、溶液中でエッチングを行うウェットエッチングと、ガスプラズマ中でエッチングを行うドライエッチングがある。

18　シランガス(SiH_4)は自燃性ガスで、空気中で燃焼させるとSiO_2の白い粉になる。

19　縮小投影型露光方式は、等倍投影型露光方式に比べて解像性能が低い。

20　シート抵抗(層抵抗)の測定には、エリプソメータが用いられる。

21　トランジスタに交流電圧を加えたときの電圧特性を、静特性曲線という。

22　Al配線エッチングにRIE(リアクティブイオンエッチング)を使うことが多いが、反応ガスとして塩素系ガスを用いるため、後処理が不十分だとアルミ配線の腐食を起こす可能性がある。

23　クライオポンプの排気能力が低下した場合、クライオポンプ内部に吸着したガスを放出して空にすることで再生できる。

24　ジクロロシラン(SiH_2Cl_2)ボンベの残量確認は、ボンベガスレギュレータの一次圧で行う。

25　全有機体炭素(TOC)は、水中に存在する有機物の総量を有機物中に含まれる炭素量で示したものである。

[B群(多肢択一法)]

1　次のMIL論理記号の中で、ORを表すものはどれか。

イ

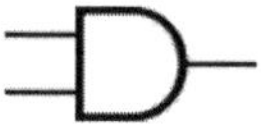

ロ

ハ

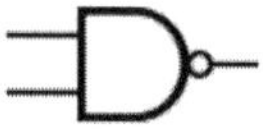

ニ

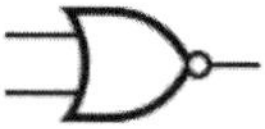

2　バスタブカーブに関する記述として、誤っているものはどれか。

イ　故障率の時間推移を描いたグラフの形状をいう。

ロ　初期故障期間、偶発故障期間、摩耗故障期間の3つの期間に分けられる。

ハ　生産量と生産コストを読み取ることができる。

ニ　バスタブの形状に由来する。

3　日本工業規格(JIS Z8141)の生産管理用語によれば、生産設備の稼働率管理に用いる「MTBF」の意味として、適切なものはどれか。

イ　平均故障間隔

ロ　平均修復時間

ハ　平均故障回数

ニ　平均修復回数

4　工程能力指数Cp=1.33、Cpk=0.67の時の工程状況として、正しいものはどれか。

イ　バラツキは小さいが、規格中心からの偏りは大きい。

ロ　バラツキ、規格中心からの偏りとも小さく良好である。

ハ　規格中心からの偏りは小さいが、バラツキは大きい。

ニ　バラツキ、規格中心からの偏りとも大きい。

5　次の信頼性試験のうち、機械的試験に当てはまらないものはどれか。

イ　振動試験

ロ　衝撃試験

ハ　端子の引張り強さ試験

ニ　PCT(プレッシャークッカー試験)

[B群(多肢択一法)]

6 文中の(　　)内に当てはまる語句として、適切なものはどれか。

シリコン(100)面のウェーハに垂直方向からイオン注入を行うと(　　)が生じるため、傾斜させて注入する必要がある。

イ　チャネリング現象

ロ　ローディング効果

ハ　コロージョン

ニ　エレクトロマイグレーション

7 文中の(　　)内に当てはまる語句の組合せとして、適切なものはどれか。

一般に、常圧CVD装置と減圧CVD装置を比較した場合、処理温度は、(A)の方が高い。また、プラズマCVD装置と減圧CVD装置を比較した場合、処理温度の低温化が計れるのは、(B)である。

	A	B
イ	常圧CVD装置	プラズマCVD装置
ロ	常圧CVD装置	減圧CVD装置
ハ	減圧CVD装置	プラズマCVD装置
ニ	減圧CVD装置	減圧CVD装置

8 文中の(　　)内に当てはまる語句の組合せとして、適切なものはどれか。

一般に、スパッタによるTiN成膜では、(A)が用いられ、Arガスと(B)の混合、または、(B)のみが使用される。

	A	B
イ	反応性スパッタ法	N_2ガス
ロ	反応性スパッタ法	N_2Oガス
ハ	高温スパッタ法	N_2ガス
ニ	高温スパッタ法	N_2Oガス

9 文中の(　　)内に当てはまる語句として、適切なものはどれか。

(　　)とは、絶縁膜上にフォトレジストを塗布して表面をなだらかにした後、表面からある一定の厚さをエッチングして平坦化する方法である。

イ　バイアススパッタ法

ロ　シリカ塗布法

ハ　リフトオフ法

ニ　エッチバック法

10 酸化膜をドライエッチングする場合、使用するガスとして適切なものはどれか。

イ　フッ素系ガス

ロ　塩素系ガス

ハ　水素系ガス

ニ　酸素系ガス

[B群(多肢択一法)]

11　文中の(　　)内に当てはまる語句として、適切なものはどれか。

半導体のSi基板の作成方法としてFZ法と(　　)法がある。

イ　PVD
ロ　CVD
ハ　CZ
ニ　DZ

12　ステッパの光学系において光が通過する順番で、(　　)内に当てはまる語句の組合せとして、正しいものはどれか。

水銀ランプ　→(　①　)レンズ　→コンデンサレンズ　→レチクル　→(　②　)レンズ　→ウェーハ

	①	②
イ	フライアイ	縮小投影
ロ	フライアイ	反射
ハ	縮小投影	フライアイ
ニ	縮小投影	反射

13　ドライエッチングに関する記述として、誤っているものはどれか。

イ　リアクティブイオンエッチングの特徴は、等方性のエッチングが行われることである。
ロ　リアクティブイオンエッチングにおいて、ウェーハはRF電源側に置くのが一般的である。
ハ　ドライエッチングの終点検出には、プラズマ中のラジカルなどの発光強度の変化を利用して行う方法がある。
ニ　リアクティブイオンエッチングは、ウェットエッチングに比べてSi表面にダメージを与えやすい。

14　文中の(　　)内に当てはまる語句の組合せとして、適切なものはどれか。

常圧CVD装置の主な管理項目としては(　①　)とガス流量があり、ガス流量の制御は(　②　)で行っている。

	①	②
イ	温度	マスフローコントローラ
ロ	温度	レギュレータ
ハ	真空度	マスフローコントローラ
ニ	真空度	レギュレータ

[B群(多肢択一法)]

15　イオン注入装置のオーバーホールの作業終了後における設備チェック項目で、分析内容と分析法の組合せとして、誤っているものはどれか。

	分析内容	分析法
イ	注入の深さ	SIMS
ロ	コンタミネーション	全反射蛍光X線
ハ	注入量	四探針測定
ニ	パーティクル数	XMA

16　文中の（　　　）内に当てはまる語句の組合せで、適切なものはどれか。

EDX（Energy Dispersive X-ray spectroscopy）は、主に無機物の成分分析に活用されており、試料に（　A　）を照射すると、元素固有のエネルギーを持つ（　B　）を放出するので、これを測定する事で元素分析を行うことができる。

EDXは、一般的に（　C　）に付属している。

	A	B	C
イ	特性X線	電子線	SIMS
ロ	特性X線	電子線	SEM
ハ	電子線	特性X線	SIMS
ニ	電子線	特性X線	SEM

17　次に示す加工装置のうち、一般に半導体素子にダメージを与えないものはどれか。

イ　レジストアッシング装置

ロ　減圧CVD装置

ハ　プラズマCVD装置

ニ　メガソニック洗浄装置

18　文中の(　　)内に当てはまる語句の組合せとして、適切なものはどれか。

クリーンルームには、全領域をダウンフローする全面方式と部分的にダウンフローするベイ方式がある。特にベイ方式は、作業エリアとユーティリティエリアで、圧力を変えていて、作業エリアは、ユーティリティエリアより圧力を(　A　)、清浄度を(　B　)。

	A	B
イ	上げて	下げている
ロ	上げて	上げている
ハ	下げて	上げている
ニ	下げて	下げている

［B群(多肢択一法)］

19　文中の(　　)内に当てはまる語句の組合せとして、適切なものはどれか。

クリーンルーム内には、多種多様の汚染物質が浮遊しており、これらの微粒子の挙動は、(　①　)による不規則な動きをしている。また、建物の塗料やプロセス材料から発生する(　②　)も問題となっている。

	①	②
イ	加速度運動	化学物質
ロ	ブラウン運動	化学物質
ハ	ブラウン運動	ミスト
ニ	加速度運動	ミスト

20　文中の(　　)内に当てはまる語句の組合せとして、適切なものはどれか。

クリーンルーム内で発生する静電気は、クリーンルーム内の湿度が(　①　)ほど発生しやすい。また、ウェーハへの帯電を防止するために、一般に(　②　)が使用されている。

	①	②
イ	高い	イオナイザ
ロ	高い	オゾナイザ
ハ	低い	イオナイザ
ニ	低い	オゾナイザ

21　ピラニー真空計(ピラニーゲージ)に関する記述として、正しいものはどれか。

イ　圧力の変化に伴い、気体の熱伝導が変化することを利用した真空計である。

ロ　熱電子による残留ガスの電離作用を利用した真空計である。

ハ　圧力の変化に伴い、放電の色が変化することを利用した真空計である。

ニ　圧力差による弾性変形を電気的、機械的に読む真空計である。

22　真空装置のリークを検出するために用いられるヘリウムガスに関する記述として、誤っているものはどれか。

イ　不活性ガスのために、他のガスとの反応がなく、また、装置汚染もない。

ロ　人体に無害で、引火性もなく、安全なガスである。

ハ　質量数が小さく、微小リークの検知に適している。

ニ　大気中に多く存在しており、安価に得られる。

23　文中の(　　)内に当てはまる語句の組合せとして、適切なものはどれか。

気体から液体に変化することを(　①　)といい、その時に発生する熱は(　②　)である。

	①	②
イ	凝縮	吸収熱
ロ	凝縮	放出熱
ハ	融解	吸収熱
ニ	融解	放出熱

［Ｂ群(多肢択一法)］

24　薬品名とその使用時又は保存時に使用する容器の材質との組合せとして、誤っているものはどれか。

	薬品名	容器の材質
イ	硫酸	テフロン
ロ	ふっ酸	ガラス
ハ	イソプロピルアルコール	ステンレス
ニ	塩酸	ポリエチレン

25　文中の(　　)内に当てはまる語句の組合せとして、適切なものはどれか。

純水の製造工程で、真空脱気塔では(　A　)して、カートリッジポリッシャー(CP)は(　B　)する。

	A	B
イ	微粒子を除去	イオンを交換
ロ	微粒子を除去	バクテリアを殺菌
ハ	溶存酸素を除去	イオンを交換
ニ	溶存酸素を除去	バクテリアを殺菌

令和２年度 技能検定
１級 半導体製品製造 学科試験問題
（集積回路チップ製造作業）

1.　試験時間　1時間40分
2.　問題数　50題(A群25題、B群25題)
3.　注意事項
(1)　係員の指示があるまで、この表紙はあけないでください。
(2)　答案用紙(真偽法と多肢択一法の併用)に検定職種名、作業名、級別、受検番号、氏名を必ず記入してください。
(3)　係員の指示に従って、問題数を確かめてください。それらに異常がある場合は、黙って手を挙げてください。問題はA群(真偽法)とB群(多肢択一法)とに分かれています。
(4)　試験開始の合図で始めてください。
(5)　解答の方法(真偽法と多肢択一法の併用)は次のとおりです。
イ．　A群の問題(真偽法)は、一つ一つの問題の内容が正しいか、誤っているかを判断して解答してください。
ロ．　B群の問題(多肢択一法)は、正解と思うものを一つだけ選んで、解答してください。二つ以上に解答した場合は誤答となります。
ハ．　答案用紙(マークシート用紙)へ解答する際は、答案用紙に記載されている注意事項に従ってください。
ニ．　答案用紙の解答欄は、A群の問題とB群の問題とでは異なります。所定の解答欄に、試験問題の題数に応じて解答してください。解答欄はA群は50題まで、B群は25題まで解答できるようになっています。
(6)　電子式卓上計算機その他これと同等の機能を有するものは、使用してはいけません。
(7)　携帯電話、スマートフォン、ウェアラブル端末等は、使用してはいけません。
(8)　試験中、質問があるときは、黙って手を挙げてください。ただし、試験問題の内容、漢字の読み方等に関する質問にはお答えできません。
(9)　試験終了時刻前に解答ができあがった場合は、黙って手を挙げて、係員の指示に従ってください。
(10)　試験中に手洗いに立ちたいときは、黙って手を挙げて、係員の指示に従ってください。
(11)　試験終了の合図があったら、筆記用具を置き、係員の指示に従ってください。

［A群（真偽法）］

1　化合物半導体とは、複数の元素を材料にしている半導体のことをいう。

2　真性半導体は、温度を上げると抵抗率が上がる。

3　半導体に光を照射すると電気抵抗が変化する現象を、圧電効果という。

4　SRAM(スタティックRAM)は、一定周期でリフレッシュをしなくてもメモリ内容は消失しないため、供給電源が切れても記憶内容はクリアされない。

5　NPNトランジスタにおいて、ベース電流とは、主にベースからコレクタに流れる電流のことである。

6　トンネル効果とは、電流が、抵抗率の著しく低い金属内を流れる現象である。

7　抵抗に交流が流れる場合、電流と電圧は同位相である。

8　力率80 %の負荷に200 Vの単相交流電圧を加えたとき、2 Aの電流が流れた。このときの消費電力は500 Wである。

9　半導体の製造工程において、重要な管理項目である湿度は、低いほど静電気が発生しやすくなるが、高くなるとラッチアップなどの不具合を引き起こす。

10　バックグラインディングは、ウェーハの側面を削ってチップの寸法を小さくする工程である。

11　日本産業規格(JIS)によれば、負荷計画とは、生産部門又は職場ごとに課す仕事量、すなわち、生産負荷を計算し、これを計画期間全体にわたって各職場に割り付ける活動のことである。

12　ウェーハプロセス歩留り80 %、組立て・試験歩留り90 %のICを10000 個出荷するためには、ウェーハプロセスへの投入は、IC 12500 個分のウェーハでよい。

13　日本産業規格(JIS)によれば、次の図記号は「Nチャネル絶縁ゲート形電界効果トランジスタ(IGFET)で、エンハンスメント形・単ゲート・サブストレートを内部でソースと接続しているもの」を表す。

［Ａ群（真偽法）］

14 高圧ガス保安法関係法令によれば、シアン化水素、一酸化炭素、塩素、酸化エチレンは、全て毒性ガスに定義されている。

15 世界半導体会議(WSC)では、CF_4、C_2F_6、C_3F_8、C_4F_8、CHF_3 に、SF_6、NF_3 を加えた７種類の温室効果ガスを削減対象としている。

16 フォトリソグラフィ工程で、使用される露光装置は、解像度を上げるにつれ、焦点深度は深くなり、微細加工に対して有利となる。

17 ホスフィンガスは、燃えると五酸化りんと水蒸気になる。

18 フォトリソグラフィ工程のスキャン露光方式では、スタティック露光フィールドをスリット状に小さくしてスキャンを行うため、投影レンズをあまり大型化せず、高NA化が可能である。

19 クライオポンプの再生は、コールドヘッドに吸着したガスを除去することによって行う。

20 SIMS(二次イオン質量分析法)は、一般に、不純物の深さ方向のプロファイルを測定するのに使用される。

21 アルミニウム(Al)の融点は、約250 ℃である。

22 日本産業規格(JIS)によれば、クリーンルームの空気清浄度(清浄度クラス)は、空気中の単位体積あたりの微粒子数で示されるが、これはシリコンウェーハの上に堆積する塵埃の個数で測定することと規定されている。

23 ピラニー真空計(ピラニーゲージ)は、気体分子の熱伝導の変化を利用して圧力を測定するものである。

24 ウェーハの洗浄に用いられるAPM(SC1)は、アンモニア水、過酸化水素水、水の混合溶液であり、パーティクル除去や有機物除去に使用される。

25 超純水中には、極微量のいろいろな低分子有機物が残留しているが、これら有機物の全量を、炭素を指標とした全有機体炭素(TOC)で表す。

［B群（多肢択一法）］

1　Si 結晶の融点はどれか。

イ　1410 ℃ ～ 1420 ℃
ロ　1510 ℃ ～ 1520 ℃
ハ　1610 ℃ ～ 1620 ℃
ニ　1710 ℃ ～ 1720 ℃

2　一般的な論理回路の表現で、「すべての入力が状態　0　のときだけ、出力は状態　1を取る」を表すものはどれか。

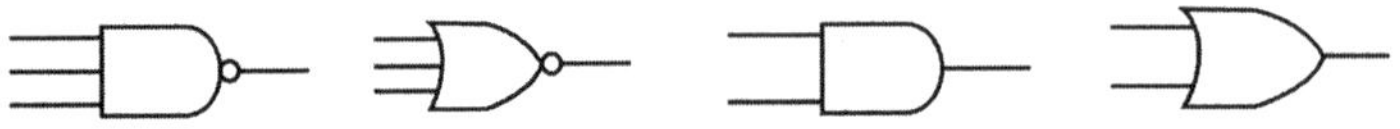

イ　　　ロ　　　ハ　　　ニ

3　文中の(　　)内に当てはまる語句の組合せとして、正しいものはどれか。

MOSFETの(　A　)から(　B　)へ移動するキャリアが(　B　)近傍でチャネル電界により加速され、$Si-SiO_2$ 界面のエネルギー障壁を乗り越えるのに十分なエネルギーを持った場合、これらのキャリアのことを(　C　)という。

	(　A　)	(　B　)	(　C　)
イ	ソース	ドレイン	ホットキャリア
ロ	ソース	ドレイン	ハイキャリア
ハ	ドレイン	ソース	ホットキャリア
ニ	ドレイン	ソース	ハイキャリア

4　工程能力指数が $C_p = 1.67$、$C_{pk} = 1.00$ の時、工程状況として当てはまるものはどれか。

イ　バラツキ、偏りとも小さく良好である。
ロ　バラツキは大きいが、偏りは小さい。
ハ　バラツキは小さいが、偏りはやや大きい。
ニ　バラツキ、偏りとも大きい。

［B群（多肢択一法）］

5 下図は、LSIの故障率モデルとしてよく知られているバスタブ・カーブ(故障率の時間的推移)である。図中の(　　)の期間として、適切な組合せはどれか。

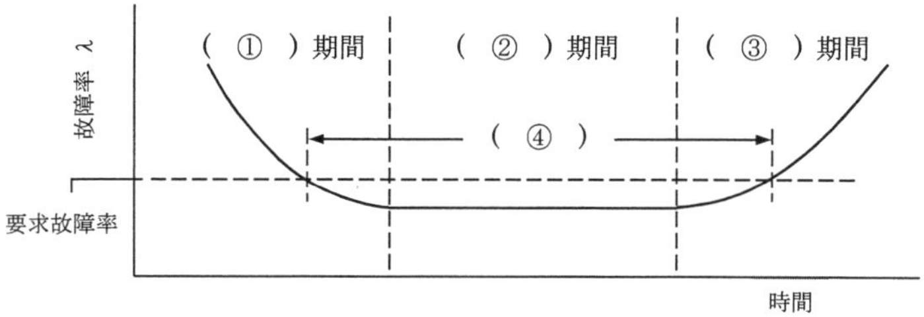

	①	②	③	④
イ	初期故障	偶発故障	摩耗故障	低歩留期間
ロ	偶発故障	初期故障	摩耗故障	低歩留期間
ハ	初期故障	摩耗故障	偶発故障	耐用寿命
ニ	初期故障	偶発故障	摩耗故障	耐用寿命

6 半導体集積回路製造工程に関する記述として、誤っているものはどれか。

イ　MOS ICでは、ゲート長が短いほど高速性能が得られる。

ロ　バイポーラICにおいて、埋込拡散は、コレクタ抵抗の低減のために行われる。

ハ　チャネルカット(チャネルストッパ)の濃度は、寄生MOSのしきい値電圧(Vth)に影響する。

ニ　チャネルドープ拡散濃度が変化しても、MOSのしきい値電圧(Vth)に及ぼす影響は少ない。

7 MOS IC製造工程における高集積化に対応する[技術]とその[目的]の組合せとして、誤っているものはどれか。

	[技術]	[目的]
イ	レジスト・エッチバック法	平坦性向上
ロ	CMP	平坦性向上
ハ	ゲート酸化膜の薄膜化	ゲート耐圧向上
ニ	バイアススパッタ法	ステップカバレッジ向上

［B群（多肢択一法）］

8　文中の(　　)内に当てはまる語句の組合せとして、正しいものはどれか。

パターンの微細化に伴い、配線による信号の遅延は大きな問題となっている。Cu を使用した配線は Al 配線に比べて抵抗が(　A　)、さらに、絶縁膜として(　B　)の膜と一緒に用いることにより、配線間容量を低減し、信号の遅延の問題を解決している。

	(A)	(B)
イ	低く	低誘電率
ロ	低く	高誘電率
ハ	高く	低誘電率
ニ	高く	高誘電率

9　酸化に関する記述として、誤っているものはどれか。

イ　パイロジェニック酸化とは、H_2 ガスとO_2 ガスを炉内に送り込み、炉芯管のガス導入口で燃焼させて水を生成し、酸化する方法である。

ロ　ウェット酸化方法には、パイロジェニック酸化方式と、石英バブラーで純水からスチーム(水蒸気)を発生させる酸化方式がある。

ハ　スチーム酸化がドライO_2 酸化よりも酸化速度が遅いのは、酸化膜中のH_2Oの拡散がO_2 に比べて大きいためである。

ニ　酸化速度に影響を与える要因として、酸化種、酸化温度、酸化圧力、酸素分圧などがある。

10　文中の(　　)内に当てはまる語句の組合せとして、適切なものはどれか。

DUVリソグラフィでよく用いられる化学増幅型レジストは、一般に、露光時に光化学反応で酸を発生させ、露光後の熱処理でこの酸を(　A　)としてレジストポリマー中の官能基を反応させることで、感度特性を向上させている。この酸が、雰囲気やウェーハ上の塩基性物質によって中和されてしまうと、感度特性が悪化することになるため、(　B　)等を用いた環境制御が重要である。

	(A)	(B)
イ	触媒	ヘパフィルタ
ロ	触媒	ケミカルフィルタ
ハ	酸化種	ヘパフィルタ
ニ	酸化種	ケミカルフィルタ

11　電気炉、CVD装置の反応管及びボートの材料として用いられる石英ガラスとSiCの特徴を比較したときの記述として、誤っているものはどれか。

イ	熱伝導率	石英ガラス　＞　SiC
ロ	曲げ強さ	石英ガラス　＜　SiC
ハ	耐熱衝撃性	石英ガラス　＞　SiC
ニ	膨張係数	石英ガラス　＜　SiC

［B群（多肢択一法）］

12 イオン注入装置で使用されるプラズマフラッドガンの目的として、適切なものはどれか。

イ チャネリングの防止
ロ チャージアップの防止
ハ ドーズシフトの防止
ニ コンタミネーションの防止

13 文中の(　　)内に当てはまる語句の組合せとして、正しいものはどれか。

フォトレジスト塗布装置において、フォトレジストをウェーハに滴下する前に配管中のフォトレジストを吐出し、新鮮なフォトレジストと入れ替えることを(　A　)といい、ノズルからのフォトレジストの垂れ落ちを防ぐため、滴下後フォトレジストを吸引することを(　B　)という。

	(　A　)	(　B　)
イ	プリウェット	バックリンス
ロ	プリウェット	サックバック
ハ	プリディスペンス	バックリンス
ニ	プリディスペンス	サックバック

14 ポリシリコンドライエッチング装置の定期的なメンテナンス後の立ち上げ確認作業のポリシリコンのエッチングレート測定において、管理規格以下の値となった。エッチングレート低下に対する処置として有効でないものはどれか。

イ RF電源から下部電極へのRFケーブルに接続不良があったため、接続しなおした。
ロ 処理室の圧力測定用マノメータのゼロ点がずれていたため、調整しなおした。
ハ 終点検出用ののぞき窓に使用されている石英板の白濁がひどかったので、新品と交換した。
ニ プラズマ放電初期の整合応答性が悪く、反射波が長時間発生していたため、マッチング装置のプリセットを調整した。

15 アルミニウム(Al)などのPVD膜は、種々の方法で膜質評価を行うが、次の測定方法のうち、適切でないものはどれか。

イ グレインサイズ測定
ロ 反射強度測定
ハ シート抵抗測定
ニ コリメーション測定

［B群（多肢択一法）］

16　プラズマを用いたドライエッチングに関する記述として、誤っているものはどれか。

イ　イオンがウェーハに衝突することにより、格子欠陥といった結晶欠陥が発生することがある。

ロ　電子やイオンの効果により、ウェーハがチャージアップし、ゲート酸化膜が破壊されることがある。

ハ　チャージアップは、デバイスの構造にも依存し、アンテナ比が大きいほどチャージアップダメージが生じ易い。

ニ　イオンの照射により、エッチング反応が抑制される。

17　チップ製造工程において大気圧の変動の影響を受けるものはどれか。

イ　イオン注入工程の不純物ドーズ量

ロ　減圧CVD工程のデポ膜厚

ハ　フォトリソグラフィ工程の露光フォーカス

ニ　ドライエッチング工程のエッチングレート

18　文中の(　　)内に当てはまる語句の組合せとして、適切なものはどれか。

クリーンルームで清浄度の高い部屋は、清浄度の低い部屋よりも室内圧を(　A　)する必要があり、その差圧は(　B　)程度にしておくのが普通である。

	(A)	(B)
イ	低く	1～3 mmH_2O
ロ	高く	1～3 mmH_2O
ハ	低く	10～20 mmH_2O
ニ	高く	10～20 mmH_2O

19　文中の(　　)内に当てはまる語句の組合せとして、適切なものはどれか。

クリーンルーム内には、多種多様の汚染物質が浮遊しており、これらの微粒子の挙動は、(　A　)による不規則な動きをしている。また、建物の塗料やプロセス材料から発生する(　B　)も問題となっており、その対策として(　C　)が使用されている。

	(A)	(B)	(C)
イ	加速度運動	化学汚染	ケミカルフィルタ
ロ	加速度運動	ミスト	ミクロフィルタ
ハ	ブラウン運動	化学汚染	ケミカルフィルタ
ニ	ブラウン運動	ミスト	ミクロフィルタ

［B群（多肢択一法）］

20 気体に関する文中の(　　)内に当てはまる語句の組合せとして、適切なものはどれか。

圧力が(　A　)すると、平均自由行程は(　B　)なる。ある圧力以下になると、気体分子は分子同士の衝突よりも分子と配管などの壁との衝突が多くなる。この圧力領域を(　C　)という。これに対し、分子同士の衝突が十分あるような圧力領域を(　D　)という。

	(　A　)	(　B　)	(　C　)	(　D　)
イ	上昇	長く	分子流領域	粘性流領域
ロ	低下	長く	分子流領域	粘性流領域
ハ	上昇	短く	粘性流領域	分子流領域
ニ	低下	短く	粘性流領域	分子流領域

21 真空に関する記述として、適切なものはどれか。

イ　排気コンダクタンスは、装置からポンプまでの配管が細いほど、あるいは長いほど大きい。

ロ　高真空ほど粒子の直進性が高くなる。

ハ　真空装置のベーキングは、フランジ等の接合部でのリークを抑えるために行うものである。

ニ　プラズマ放電は、高真空ほど発生しやすい。

22 各種の真空ポンプに関する記述として、誤っているものはどれか。

イ　ドライポンプは、真空室内に一切の油を使用していないポンプである。

ロ　油拡散ポンプは、油をジェット気流にして、気体分子に対して噴出させ、気体分子を排出するポンプである。

ハ　ターボ分子ポンプは、タービンを高速回転させることにより、気体分子を排出するポンプである。

ニ　クライオポンプは、極低温により気体分子を凝固吸着させ、同時に、気体分子をポンプ外に排出するポンプである。

23 ガスの基本的性質に関する記述として、誤っているものはどれか。

イ　ガスは、常温で圧力を加えると液化するが、ある温度以上になると、いくら圧力を加えても液化しない。この温度を気化温度という。

ロ　ガスの容積は、外部から圧力を加えることにより変化し、また圧力を同一に保っても温度の変化により大きく膨張、収縮する。

ハ　密閉容器内の液化ガスの蒸気圧は、温度が上がれば大きくなる。

ニ　液化ガスの入った密閉容器を一定温度に保った状態では、蒸気は、一定の圧力となって液体と蒸気は平衡状態を保つ。この圧力をその温度における蒸気圧という。

［B群（多肢択一法）］

24　薬品に関する記述として、誤っているものはどれか。

イ　フッ化水素は、刺激臭のある無色の液体で、蒸気を吸入すると肺水腫や気管支炎を起こし、皮膚に付着すると内部に浸透し腐食させる性質があるため、保護具として酸性ガス用防毒マスク・保護めがね・保護手袋・保護衣を着用する。

ロ　アンモニアは、刺激臭のある無色の気体で、目に入ると視力障害を起こすことがあるので、水溶液を取り扱う場合は、保護具として酸性ガス用防毒マスク・保護めがね・保護手袋・保護衣を着用する。

ハ　リン酸は、無色・無臭の液体で、吸入すると気道を刺激し、皮膚熱傷・結膜炎を起こすため、保護具として酸性ガス用防毒マスク・保護めがね・保護手袋・保護衣を着用する。

ニ　硝酸は、刺激臭のある無色又は淡黄色の液体で、皮膚や目に薬傷を起こし、吸入により肺水腫を起こす危険があるため、保護具として酸性ガス用防毒マスク・保護めがね・保護手袋・保護衣を着用する。

25　純水の製造法の記述として、誤っているものはどれか。

イ　陽イオン交換の工程では、陽イオン基をもった樹脂を用いて水中の陰イオンを捕獲する。

ロ　逆浸透法で純水を得るとき、原料側は透過側よりも圧力が高い。

ハ　UV酸化の工程では、有機物を酸化、分解する。

ニ　精密ろ過又は限外ろ過(UF)で分離するのは、高分子物質、コロイド物質、バクテリアなどである。

令和元年度 技能検定
1級 半導体製品製造 学科試験問題
（集積回路チップ製造作業）

1. 試験時間　1時間40分
2. 問題数　50題(A群25題、B群25題)
3. 注意事項

(1)　係員の指示があるまで、この表紙はあけないでください。

(2)　答案用紙(真偽法と多肢択一法の併用)に検定職種名、作業名、級別、受検番号、氏名を必ず記入してください。

(3)　係員の指示に従って、問題数を確かめてください。それらに異常がある場合は、黙って手を挙げてください。問題はA群(真偽法)とB群(多肢択一法)とに分かれています。

(4)　試験開始の合図で始めてください。

(5)　解答の方法(真偽法と多肢択一法の併用)は次のとおりです。

イ.　A群の問題(真偽法)は、一つ一つの問題の内容が正しいか、誤っているかを判断して解答してください。

ロ.　B群の問題(多肢択一法)は、正解と思うものを一つだけ選んで、解答してください。二つ以上に解答した場合は誤答となります。

ハ.　答案用紙(マークシート用紙)へ解答する際は、答案用紙に記載されている注意事項に従ってください。

ニ.　答案用紙の解答欄は、A群の問題とB群の問題とでは異なります。所定の解答欄に、試験問題の題数に応じて解答してください。解答欄はA群は50題まで、B群は25題まで解答できるようになっています。

(6)　電子式卓上計算機その他これと同等の機能を有するものは、使用してはいけません。

(7)　携帯電話等は、使用してはいけません。

(8)　試験中、質問があるときは、黙って手を挙げてください。ただし、試験問題の内容、漢字の読み方等に関する質問にはお答えできません。

(9)　試験終了時刻前に解答ができあがった場合は、黙って手を挙げて、係員の指示に従ってください。

(10)　試験中に手洗いに立ちたいときは、黙って手を挙げて、係員の指示に従ってください。

(11)　試験終了の合図があったら、筆記用具を置き、係員の指示に従ってください。

[A群(真偽法)]

1 FETとは、電界効果トランジスタのことである。

2 高純度SiにAsやSbを添加すると、P形半導体になる。

3 磁界の作用を受けて半導体内のキャリアにローレンツ力が働き、試料の片側にキャリアの蓄積が発生することにより、電圧が発生することをホール効果と呼ぶ。

4 CMOSインバータ回路は、スイッチング時のみに過渡電流が流れる。

5 Pチャネルのエンハンスメント形MOSFETのゲート電極に正の電圧を印加すると、ソース、ドレイン間が導通する。

6 半導体中のキャリアは、高濃度領域から低濃度領域に流れる。このようなキャリアの移動に基づく電流を拡散電流と呼ぶ。

7 Au、Ag、Cu、Alのうち、常温において導電率の最も大きいものはAuである。

8 2 pFのコンデンサが2個、4 pFのコンデンサが1個ある。これらの3個のコンデンサを直列に接続したときの合成静電容量は、0.8 pFである。

9 ウェーハの厚さを薄くする方法としては、バックグラインディング、ダイシング及び両方を組み合わせたものの3つがある。

10 エピタキシャル成長させたSi中には、多くの結晶欠陥が含まれるため、成長後にアニールする必要がある。

11 固定費を下げると、損益分岐点は低くなる。

12 IE(生産工学)における手待ち時間とは、前の工程からの半製品や材料待ちなどにより実作業を行っていない待ち時間のことである。

13 日本工業規格(JIS)によれば、以下の図記号は「NPNトランジスタ」である。

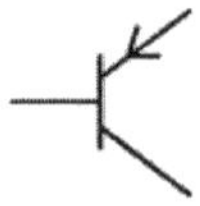

14 労働安全衛生法関係法令によれば、作業場の照度は、普通の作業をする作業面では1,500ルクス以上必要であると規定されている。

［A群(真偽法)］

15 オゾン層保護対策として、「CO_2回収破壊法」に基づき、CO_2等の回収・破壊を実施している。

16 エピタキシャル成長は、1800℃以上の温度と窒素ガス雰囲気で行う。

17 石英の失透とは、高温作業等によりガラス状態から結晶化が進行し、光を散乱し不透明になることである。

18 イオン注入装置におけるイオンの選別は、質量分析器にて行う。

19 イオン注入により発生した結晶欠陥を回復する目的で実施される熱処理のことをキュアと呼ぶ。

20 パーティクルカウンター(塵埃計、ダストカウンター)には、連続して流れるサンプルエアにレーザ光を照射し、エア中の微粒子からの散乱光を光電子増倍管で検出し、その数と大きさを測るものがある。

21 タングステンの融点は、約660℃である。

22 空気中からシリコンウエハへのパーティクル付着の原因の一つとして、「静電気」があげられる。

23 真空排気配管内に反応生成物が付着すると、コンダクタンスが大きくなる。

24 ウェーハの洗浄に用いられるAPM（SC-1）は、アンモニア、過酸化水素水の混合溶液であり、金属汚染除去の目的で使用される。

25 純水の製造過程で、逆浸透膜(RO)は、水に溶けない不純物を取り去ることができる。

[B群(多肢択一法)]

1 Siの結晶構造として、正しいものはどれか。

イ 単純立方結晶

ロ 体心立方結晶

ハ せん亜鉛鉱型結晶

ニ ダイヤモンド型結晶

2 次の論理記号の真理値表として、正しいものはどれか。

イ

A	B	Y
0	0	0
0	1	0
1	0	0
1	1	1

ロ

A	B	Y
0	0	0
0	1	1
1	0	1
1	1	1

ハ

A	B	Y
0	0	1
0	1	1
1	0	1
1	1	0

ニ

A	B	Y
0	0	1
0	1	0
1	0	0
1	1	0

3 NMOS LSIと比較した場合、CMOS LSIの特徴として、正しいものはどれか。

イ 消費電力が大きい。

ロ スイッチングの動作マージンが狭い。

ハ 低電圧動作が難しい。

ニ 製造プロセスが複雑で長い。

[B群(多肢択一法)]

4　n個のデータがx_1、x_2、x_3、・・・、x_nであり、その平均値(母平均)がμ_0であった。標準偏差(母標準偏差)σを求める式として、正しいものはどれか。

イ　$$\sigma=\sqrt{\frac{(x_1-\mu_0)^2+(x_2-\mu_0)^2+(x_3-\mu_0)^2+\cdots+(x_n-\mu_0)^2}{n}}$$

ロ　$$\sigma=\sqrt{\frac{(x_1-\mu_0)+(x_2-\mu_0)+(x_3-\mu_0)+\cdots+(x_n-\mu_0)}{n}}$$

ハ　$$\sigma=\sqrt{\frac{(x_1-\mu_0)^2+(x_2-\mu_0)^2+(x_3-\mu_0)^2+\cdots+(x_n-\mu_0)^2}{n^2}}$$

ニ　$$\sigma=\sqrt{\frac{(x_1-\mu_0)+(x_2-\mu_0)+(x_3-\mu_0)+\cdots+(x_n-\mu_0)}{n^2}}$$

5　平均故障間隔と平均修復時間に関する式として、正しいものはどれか。

イ　$$\mathrm{MTBF}=\frac{\text{稼働時間の合計}}{\text{故障の回数}}、\mathrm{MTTR}=\frac{\text{故障による停止時間の合計}}{\text{故障の回数}}$$

ロ　$$\mathrm{MTBF}=\frac{\text{故障の回数}}{\text{稼働時間の合計}}、\mathrm{MTTR}=\frac{\text{故障の回数}}{\text{故障による停止時間の合計}}$$

ハ　$$\mathrm{MTBF}=\frac{\text{故障による停止時間の合計}}{\text{故障の回数}}、\mathrm{MTTR}=\frac{\text{稼働時間の合計}}{\text{故障の回数}}$$

ニ　$$\mathrm{MTBF}=\frac{\text{故障の回数}}{\text{故障による停止時間の合計}}、\mathrm{MTTR}=\frac{\text{故障の回数}}{\text{稼働時間の合計}}$$

[B群(多肢択一法)]

6 文中の(　　)内に当てはまる語句の組合せとして、正しいものはどれか。

Cuめっき工程では、めっき液として、(　A　)、H_2SO_4、HClと添加剤などの混合液が使用されている。また、Cuめっき装置では、めっき液中でウェーハを(　B　)側に置き、電圧を印加することにより、ウェーハ表面上にCuを成長させる。

	A	B
イ	$CuSO_4$	カソード
ロ	$CuNO_3$	アノード
ハ	$CuNO_3$	カソード
ニ	$CuSO_4$	アノード

7 ドライエッチングにおけるエッチング膜と反応ガスの組合せとして、適切でないものはどれか。

	エッチング膜	反応ガス
イ	Al	Cl_2
ロ	Si	O_2
ハ	W	SF_6
ニ	SiO_2	CF_4

8 Siの酸化プロセスに関する記述として、誤っているものはどれか。

イ 同じ酸化条件であっても、(110)基板のほうが、(100)基板より酸化膜厚が厚くなる。

ロ 薄い酸化膜の場合、膜厚は酸化時間に比例する。

ハ 酸化膜厚を決定する主な因子は、温度、時間及び雰囲気である。

ニ 厚い酸化膜の場合、膜厚は酸化時間の2乗に比例する。

9 フォトリソグラフィ工程に関する記述として、誤っているものはどれか。

イ 下地との密着性を向上させるため、塗布前にHMDSでウェーハを処理して、ウェーハ表面を疎水性から親水性に変える。

ロ フォトレジストにはネガ型とポジ型がある。

ハ レジスト膜厚は、レジストの粘度と塗布時のウェーハ回転数により調整する。

ニ ネガ型レジストにてレジスト膜を残すためには、ある一定量以上の露光量が必要である。

10 文中の(　　)内に当てはまる語句の組合せとして、適切なものはどれか。

Alのエレクトロマイグレーションは、Al配線に(　①　)発生する不良モードであり、これを防止するにはAl中に(　②　)を添加するとよい。

	①	②
イ	電流を流すことにより	Cu
ロ	ストレスを加えることにより	Si
ハ	熱を加えることにより	Cu
ニ	電圧を加えることにより	Si

［B群(多肢択一法)］

11 文中の(　　)内に当てはまる語句の組合せとして、適切なものはどれか。

Al膜厚は、（　A　）を用いて（　B　）を測定することで計算により求めることができる。

	A	B
イ	四探針測定装置	比抵抗
ロ	エリプソメータ	比抵抗
ハ	四探針測定装置	シート抵抗
ニ	エリプソメータ	シート抵抗

12 洗浄と乾燥方法に関する記述として、誤っているものはどれか。

イ　ウェーハ洗浄には、APM液、SPM液、HPM液などが使われている。

ロ　ブラシスクラブ洗浄は、植毛やスポンジなどで試料面をこすり、表面付着物を落とす。

ハ　高圧噴射洗浄は、ノズルから圧力を加えて液体洗浄液を高速で噴出させ、異物等を除去する。

ニ　IPA蒸気乾燥は、イソプロピルアルコールの液にディップ(浸漬)して乾燥させる方法である。

13 レチクルに使用するペリクルに関する記述として、正しいものはどれか。

イ　石英を使用し、熱膨張を抑えている。

ロ　付着した小さなごみのウェーハへの結像を防いでいる。

ハ　レチクル表面に塗布し、クロム膜のはがれを防止している。

ニ　必要な波長の光のみを透過するフィルタの役目を果たしている。

14 文中の(　　)内に当てはまる語句の組合せとして、適切なものはどれか。

真空装置のリークを調べるために(　A　)リークディテクタを用いる方法がある。これは外部から真空装置内に取り込まれた(　A　)ガスを(　B　)分析器で検知する方法である。

	A	B
イ	窒素	質量
ロ	ヘリウム	質量
ハ	窒素	濃度
ニ	ヘリウム	濃度

15 CVDで形成される各種の膜(シリコン窒化膜、ポリシリコン膜、WSi膜等)の膜厚測定には種々の測定方法(装置)が用いられる。次の測定方法(装置)のうち、膜厚測定には用いられないものはどれか。

イ　光干渉法

ロ　エリプソメータ

ハ　X線

ニ　超音波

［B群(多肢択一法)］

16 文中の(　　)内に当てはまる語句の組合せとして、正しいものはどれか。

MOSFETのゲート端部のドレイン不純物拡散層の(　①　)が(　②　)なると空乏層での電界が増大し、ゲート酸化膜へのホットエレクトロン注入による、しきい値電圧(Vth)変動の原因となる。

	①	②
イ	深さ	深く
ロ	濃度	高く
ハ	深さ	浅く
ニ	濃度	低く

17 フォトレジスト塗布工程においてスピンナ部のカップ排気が変動しても影響を受けないものはどれか。

イ　フォトレジストの塗布膜厚の均一性
ロ　ウェーハ上のランダム欠陥
ハ　フォトレジストの塗布膜厚の平均値
ニ　フォトレジストの密着性

18 クリーンルームに関する記述として、誤っているものはどれか。

イ　クリーンルームの室内を陽圧に保つために、差圧制御が重要である。
ロ　ミニエンバイロメント方式は、クリーンルームの維持費の削減に効果がある。
ハ　クリーンルーム内の湿度が低くなると、静電気が発生しやすくなる。
ニ　一般に、ケミカルフィルタはパーティクルを防ぐために用いられる。

19 大きさの比較として、正しいものはどれか。

イ　髪の毛の径　>　コロイダル粒子(コロイド粒子)　>　スギ花粉
ロ　髪の毛の径　>　スギ花粉　>　コロイダル粒子(コロイド粒子)
ハ　スギ花粉　>　髪の毛の径　>　コロイダル粒子(コロイド粒子)
ニ　コロイダル粒子(コロイド粒子)　>　髪の毛の径　>　スギ花粉

20 クライオポンプに関する記述として、誤っているものはどれか。

イ　水分の排気速度が大きい。
ロ　拡散ポンプなどで起こるオイル汚染が生じない。
ハ　超高真空が得られる真空ポンプである。
ニ　ポンプの排気能力が低下した場合、再生して使用することはできない。

21 ある気体が容器内に密閉されている。この気体の圧力は27℃の時、10Paであった。気体の温度を57℃に上昇させた時、この気体の圧力として正しいものはどれか。

イ　5Pa
ロ　9Pa
ハ　11Pa
ニ　20Pa

[B群(多肢択一法)]

22 文中の(　　)内に当てはまる語句の組合せとして、適切なものはどれか。

クライオポンプの原理は冷却したパネルに気体分子を凝縮、吸着させるもので、その最も温度が低いパネルの温度は(　A　)Kで、排気特性では(　B　)より(　C　)のほうが排気困難である。

	A	B	C
イ	100～200	H_2O	N_2
ロ	100～200	N_2	H_2O
ハ	10～20	H_2O	N_2
ニ	10～20	N_2	H_2O

23 AsH_3とPH_3に関する記述として、誤っているものはどれか。

イ　共に特殊高圧ガスである。

ロ　共に無臭である。

ハ　共に可燃性である。

ニ　TLV－TWAで比較するとAsH_3はPH_3より毒性が高い。

24 半導体製造に用いる薬液の性質に関する記述として、誤っているものはどれか。

イ　フッ酸は、ガラスを溶かす。皮膚に触れると、皮膚を通過して骨を侵すことがある。

ロ　塩酸は、テフロンに対する透過性が高いが、金属腐食性は酸の中で一番弱い。

ハ　過酸化水素水は、触媒(鉄粉)等の介在で爆発的な分解が起こる。

ニ　硫酸は、吸湿性が高く、水が混入したときの発熱量が大きい。

25 文中の(　　)内に当てはまる語句の組合せとして、正しいものはどれか。

純水のイオン交換の工程では、イオン交換樹脂としてカチオンとアニオン樹脂の混合カートリッジが使用されているが、カチオン樹脂で(　A　)に交換し、アニオン樹脂で(　B　)に交換する。

	A	B
イ	陽イオンを水素イオン	陰イオンを水酸化イオン
ロ	陰イオンを水素イオン	陽イオンを水酸化イオン
ハ	陽イオンを水酸化イオン	陰イオンを水素イオン
ニ	陰イオンを水酸化イオン	陽イオンを水素イオン

平成30年度 技能検定
1級 半導体製品製造 学科試験問題
（集積回路チップ製造作業）

1. 試験時間　1時間40分
2. 問題数　50題(A群25題、B群25題)
3. 注意事項
   (1) 係員の指示があるまで、この表紙はあけないでください。
   (2) 答案用紙(真偽法と多肢択一法の併用)に検定職種名、作業名、級別、受検番号、氏名を必ず記入してください。
   (3) 係員の指示に従って、問題数を確かめてください。それらに異常がある場合は、黙って手を挙げてください。問題はA群(真偽法)とB群(多肢択一法)とに分かれています。
   (4) 試験開始の合図で始めてください。
   (5) 解答の方法(真偽法と多肢択一法の併用)は次のとおりです。
      イ. A群の問題(真偽法)は、一つ一つの問題の内容が正しいか、誤っているかを判断して解答してください。
      ロ. B群の問題(多肢択一法)は、正解と思うものを一つだけ選んで、解答してください。二つ以上に解答した場合は誤答となります。
      ハ. 答案用紙(マークシート用紙)へ解答する際は、答案用紙に記載されている注意事項に従ってください。
      ニ. 答案用紙の解答欄は、A群の問題とB群の問題とでは異なります。所定の解答欄に、試験問題の題数に応じて解答してください。解答欄はA群は50題まで、B群は25題まで解答できるようになっています。
   (6) 電子式卓上計算機その他これと同等の機能を有するものは、使用してはいけません。
   (7) 携帯電話等は、使用してはいけません。
   (8) 試験中、質問があるときは、黙って手を挙げてください。ただし、試験問題の内容、漢字の読み方等に関する質問にはお答えできません。
   (9) 試験終了時刻前に解答ができあがった場合は、黙って手を挙げて、係員の指示に従ってください。
   (10) 試験中に手洗いに立ちたいときは、黙って手を挙げて、係員の指示に従ってください。
   (11) 試験終了の合図があったら、筆記用具を置き、係員の指示に従ってください。

［A群(真偽法)］

1　シリコンエピタキシャル成長の際、ドーピング材を変えることで、基板と異なる導電形(N形、P形)や抵抗率を持つシリコン層を作ることができる。

2　半導体は、波長の短い光を照射されるとキャリアが増加して電気抵抗が低くなる。

3　Si中にBを添加するとP形半導体を、PやAsを添加するとN形半導体を形成することができる。

4　NPNトランジスタにおいて、ベース電流とは、主に、ベースからコレクタに流れる電流のことである。

5　PN接合に順方向バイアスを印加した場合、接合界面の内部電位が減少して電流が流れ始める。

6　SMTとは、電子部品のリードを基板に挿入してはんだ付けする実装方式のことである。

7　室温(300K)において、Au、Ag、Cu、Alのうち、導電率の最も大きいものはAgである。

8　コンデンサに正弦波交流電圧を印加した場合、電流は電圧に対して$\pi／2$だけ位相が進む。

9　ワイヤボンディングで使用されるボンディング方式として、はんだ接続法がある。

10　バックグラインディングは、ウェーハの側面を削ってチップの寸法を小さくする工程である。

11　ウェーハプロセス歩留り80%、組立て・試験歩留り90%のICを10,000個出荷するためには、ウェーハプロセスへの投入は12,500個分のウェーハでよい。

12　装置の故障に関する信頼性の尺度の一つとしてMTBFが用いられ、値が大きいほど信頼性が高い。

13　日本工業規格(JIS)によれば、下図の電気用図記号は、NPNトランジスタを表している。

［A群(真偽法)］

14　水素は、空気中での爆発限界(容量%)が約4～75%と広く、引火や爆発に十分注意が必要である。

15　循環型社会形成推進基本法によれば、「循環型社会」とは、製品等が廃棄物等となることが抑制され、並びに製品等が循環資源となった場合においてはこれについて適正に循環的な利用が行われることが促進され、及び循環的な利用が行われない循環資源については適正な処分が確保され、もって天然資源の消費を抑制し、環境への負荷ができる限り低減される社会をいう。

16　スピンナで塗布されたレジスト膜厚の均一性は、スピンナのカップ排気能力には依存しない。

17　CMP工程で使用される研磨剤には、シリカ、セリア、アルミナ系などがあるが、一般的に、研磨対象の膜種に応じて、研磨剤を選択する。

18　イオン注入装置に取り付けられているエレクトロンフラッドガンの目的は、イオン注入時のウェーハのチャージアップを防止することである。

19　クライオポンプの再生は、コールドヘッドに吸着したガスを除去することによって行う。

20　Al薄膜の膜厚は、うず電流を用いて非破壊測定することが可能である。

21　DRAMにおいては、放射線による誤動作を防ぐために、配線形成に用いるスパッタターゲットは、ウラン、トリウム等の放射性物質の含有量を極力少なくしなければならない。

22　日本工業規格(JIS)によれば、クリーンルームの空気清浄度(清浄度クラス)は、空気中の単位体積あたりの微粒子数で示されるが、これはシリコンウェーハの上に堆積する塵埃の個数で測定することと規定されている。

23　真空排気配管内に反応生成物が付着すると、コンダクタンスが小さくなる。

24　ウェーハの洗浄に用いられるAPM(SC1)は、アンモニア水、塩酸、水の混合溶液であり、パーティクル除去、有機物除去の目的で使用される。

25　理論上の超純水の比抵抗は18.2～18.3MΩ·cm(25℃)であり、純水中の不純物が増えるとその数値は低くなる。

［B群(多肢択一法)］

1　Si結晶の融点として、次のうち最も適切なものはどれか。

イ　1410℃～1420℃

ロ　1510℃～1520℃

ハ　1610℃～1620℃

ニ　1710℃～1720℃

2　n段のインバータチェーンを考えたとき、入力が「1」のときの出力として、正しいものはどれか。

イ　nに関係なく「1」となる。

ロ　nに関係なく「0」となる。

ハ　nが偶数の時は「1」となり、nが奇数の時は「0」となる。

ニ　nが偶数の時は「0」となり、nが奇数の時は「1」となる。

3　文中の(　　)内に当てはまる語句の組合せとして、正しいものはどれか。

MOSFETの(　A　)から(　B　)へ移動するキャリアが、(　B　)近傍で、チャネル電界で加速され、Si－SiO_2界面のエネルギー障壁を乗り越えるのに十分なエネルギーを持った場合、これらのキャリアのことを(　C　)という。

	A	B	C
イ	ソース	ドレイン	ホットキャリア
ロ	ソース	ドレイン	ハイキャリア
ハ	ドレイン	ソース	ホットキャリア
ニ	ドレイン	ソース	ハイキャリア

4　正規分布に従う統計量において、中心から左右に、それぞれ3σ(シグマ)以上離れたデータが出現する確率はどれか。

イ　約32%

ロ　約 5%

ハ　約 0.3%

ニ　約 0.006%

[Ｂ群(多肢択一法)]

5　下図は、LSIの故障率モデルとしてよく知られているバスタブ・カーブ(故障率の時間的推移)である。図中の(　　)の期間として、適切な組合せはどれか。

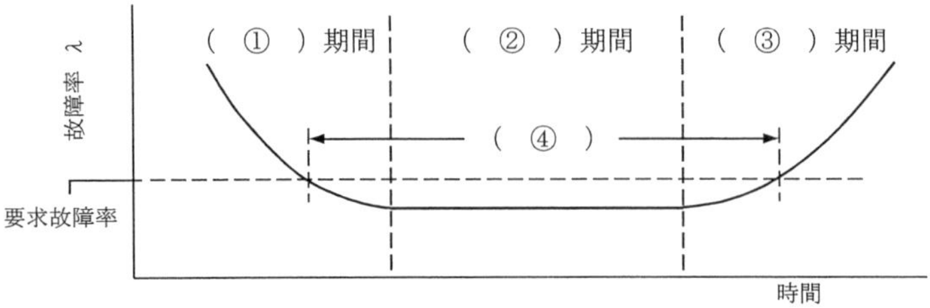

	①	②	③	④
イ	初期故障	偶発故障	摩耗故障	低歩留期間
ロ	偶発故障	初期故障	摩耗故障	低歩留期間
ハ	初期故障	摩耗故障	偶発故障	耐用寿命
ニ	初期故障	偶発故障	摩耗故障	耐用寿命

6　半導体製造でのアスペクト比の説明として、正しいものはどれか。

イ　ウェーハ上に形成されたパターンの現像後寸法とエッチング後寸法の比

ロ　ウェーハ上に形成されたパターンの深さと幅の比

ハ　ドライエッチング時のフォトレジスト削れ量と被エッチング層の削れ量の比

ニ　ドライエッチング時のエッチングガス量とキャリアガス量の比

7　MOS IC製造工程における高集積化に対応する技術とその目的との組合せとして、誤っているものはどれか。

	技術	目的
イ	エッチバック法	平坦性向上
ロ	CMP	平坦性向上
ハ	ゲート酸化膜の薄膜化	ゲート耐圧向上
ニ	バイアススパッタ法	ステップカバレッジ向上

8　イオン注入工程に関する記述として、誤っているものはどれか。

イ　チャネリング現象とは、注入されたイオンが原子配列の隙間を通ってSi基板の深い位置まで達することである。

ロ　チャネリング現象は、基板の面方位、入射角度、イオンの種類、エネルギー等で影響を受ける。

ハ　イオンの入射角度を7° ～8° に設定することによって、チャネリング現象を防止することができる。

ニ　シリコン(100)面のように、格子原子が整然と配列している場合は、チャネリング現象は発生しない。

[B群(多肢択一法)]

9 CVDに関する記述として、誤っているものはどれか。

イ プラズマCVD装置は、300℃以下の低温で膜が形成できるため、保護膜形成に適している。

ロ 減圧CVDは、膜厚、膜質の均一性が良く、ステップカバレッジに優れ、多結晶シリコンの形成等に用いられる。

ハ 常圧CVDで、BPSG膜を形成する場合は、スループットを上げるため、800℃で処理をする。

ニ 高密度プラズマCVDでは、成膜とスパッタリングを同時に行うことができる。

10 超純水の一般的な管理項目として、誤っているものはどれか。

イ 屈折率

ロ TOC

ハ 微粒子

ニ 生菌

11 文中の(　)内に当てはまる語句の組合せとして、正しいものはどれか。

フォトレジスト塗布装置において、フォトレジストをウェーハに滴下する前に配管中のフォトレジストを吐出し、新鮮なフォトレジストと入れ替えることを(①)といい、ノズルからのフォトレジストの垂れ落ちを防ぐため、滴下後フォトレジストを吸引することを(②)という。

	①	②
イ	プリウェット	バックリンス
ロ	プリウェット	サックバック
ハ	プリディスペンス	サックバック
ニ	プリディスペンス	バックリンス

12 ドライエッチングに関する記述として、誤っているものはどれか。

イ アンテナ比が小さいほど、ゲート酸化膜は破壊されやすい。

ロ アスペクト比が大きいほど、エッチングレートは遅くなる。

ハ チャンバ内の圧力が低いほど、平均自由行程は長くなる。

ニ 微細化が進むほど、高い選択比が要求される。

13 文中の(　)内に当てはまる語句の組合せとして、適切なものはどれか。

表面保護膜やフォトレジストのような厚い膜厚の測定には（ A ）が用いられる。一方、ゲート酸化膜のような薄い膜厚の測定には（ B ）が適しており、膜厚の他に（ C ）も測定が可能で、膜質の管理に役立てることができる。

	A	B	C
イ	エリプソメータ	光干渉式膜厚測定器	屈折率
ロ	エリプソメータ	光干渉式膜厚測定器	透過率
ハ	光干渉式膜厚測定器	エリプソメータ	屈折率
ニ	光干渉式膜厚測定器	エリプソメータ	透過率

[B群(多肢択一法)]

14　文中の(　　)内に当てはまる語句の組合せとして、正しいものはどれか。

　CMPで使用される研磨パッド表面の凹凸は、(　A　)中の砥粒などと接触することにより徐々に変質するので、表面凹凸を維持するための(　B　)が必要である。この(　B　)は、(　C　)が埋め込まれた治具を研磨パッド表面に作用させて、変質した表面を機械的に削り取ることである。

	A	B	C
イ	スラリー	カッティング	カーボングラファイト
ロ	スラリー	ドレッシング	ダイヤモンド
ハ	パウンド	ドレッシング	カーボングラファイト
ニ	パウンド	カッティング	ダイヤモンド

15　拡散炉の温度測定では、熱放射する物体の特定波長域の放射輝度を電圧で検出し、それを温度に変換して測温する方法も用いられる。このような温度測定器の名称として、正しいものはどれか。

イ　光学的パイロメータ

ロ　光学的エリプソメータ

ハ　光学的ジャイロメータ

ニ　光学的ポテンショメータ

16　プラズマを用いたドライエッチングに関する記述として、誤っているものはどれか。

イ　イオンがウェーハに衝突することにより、格子欠陥といった結晶欠陥が発生することがある。

ロ　電子やイオンの効果により、ウェーハがチャージアップし、ゲート酸化膜が破壊されることがある。

ハ　チャージアップは、デバイスの構造にも依存し、アンテナ比が大きいほどチャージアップダメージが生じ易い。

ニ　イオンの照射により、エッチング反応が抑制される。

17　フォトリソグラフィの不良項目とその対策の組合せとして、適切でないものはどれか。

	不良項目	対　策
イ	フォトレジスト寸法ばらつき	現像シーケンスの適正化
ロ	現像起因のパターン欠陥	現像排気量の適正化
ハ	フォトレジスト密着不良	レジスト滴下量の適正化
ニ	フォトレジスト膜厚ばらつき	コータ排気量の適正化

［B群（多肢択一法）］

18　文中の（　　）内に当てはまる語句の組合せとして、適切なものはどれか。

クリーンルーム内には、多種多様の汚染物質が浮遊しており、これらの微粒子の挙動は、（　A　）による不規則な動きをしている。また、建物の塗料やプロセス材料から発生する（　B　）も問題となっており、その対策として（　C　）が使用されている。

	A	B	C
イ	加速度運動	化学汚染	ミクロフィルタ
ロ	ブラウン運動	ミスト	ミクロフィルタ
ハ	ブラウン運動	化学汚染	ケミカルフィルタ
ニ	加速度運動	ミスト	ケミカルフィルタ

19　文中の（　　）内に当てはまる語句の組合せとして、適切なものはどれか。

拡散炉の汚染評価方法として用いられるライフタイム測定は、（　A　）や結晶欠陥の有無が判別できる。この方法は単に拡散炉だけではなく、（　B　）の工程でも汚染評価として用いられる。

	A	B
イ	重金属汚染	フォトリソグラフィ
ロ	アルカリ金属汚染	フォトリソグラフィ
ハ	重金属汚染	酸化膜エッチング
ニ	アルカリ金属汚染	酸化膜エッチング

20　真空ポンプには、排気動作中に背圧を下げるための補助ポンプを必要とするものと、必要としないものとがあるが、補助ポンプを必要としないものはどれか。

イ　メカニカルブースターポンプ

ロ　ターボ分子ポンプ

ハ　油拡散ポンプ

ニ　クライオポンプ

21　真空装置内部のガスを測定する四重極質量分析計に関する記述として、誤っているものはどれか。

イ　分析管部は、主に、イオン化部、四重極部、検出部に分けられる。

ロ　イオン化された気体分子は、四重極部で印加される電圧により決められた質量数のみここを通過できる。

ハ　マススペクトルの質量数によりガスの組成を判断し、スペクトルのピークのイオン電流値により量的判断を行う。

ニ　質量数28の場合は、N_2とCOが考えられるが、それぞれ14と10にクラッキングパターンを持つので、ある程度の判断が可能である。

［B群(多肢択一法)］

22　文中の(　　)内に当てはまる語句の組合せとして、適切なものはどれか。

　電離真空計は気体分子の(　①　)を測定することによって圧力を測定する真空計で、測定範囲は(　②　)Paである。これは、スパッタ装置の(　③　)管理に使用される。

	①	②	③
イ	イオン電流	10^{-1}～10^{2}	スパッタ中の圧力
ロ	イオン電流	10^{-10}～10^{-1}	到達真空度
ハ	熱伝導	10^{-1}～10^{2}	ロードロック室の圧力
ニ	熱伝導	10^{-10}～10^{-1}	到達真空度

23　特殊材料ガスの取扱いに関する記述として、誤っているものはどれか。

イ　蒸気圧の低いガスを寒冷地で使用する場合、配管の途中で液化し、末端の圧力に脈動が生ずることがあるので、保温などを行う。

ロ　蒸気圧の低いガスは、圧力調整器や弁において断熱膨張して液化することがある。

ハ　容器交換時などに行うガス配管の気密試験では、不活性ガスを使用圧力以上に加圧して試験を行う。

ニ　高圧ガス容器をガスメーカーに返却する場合は、容器を大気圧以下に減圧して返却する。

24　薬品に関する記述として、誤っているものはどれか。

イ　フッ化水素は、刺激臭のある無色の液体で、蒸気を吸入すると肺水腫や気管支炎を起こし、皮膚に付着すると内部に浸透し腐食させる性質があるため、保護具として酸性ガス用防毒マスク・保護めがね・保護手袋・保護衣を着用する。

ロ　アンモニアは、刺激臭のある無色の気体で、目に入ると視力障害を起こすことがあるので、水溶液を取り扱う場合は、保護具として酸性ガス用防毒マスク・保護めがね・保護手袋・保護衣を着用する。

ハ　リン酸は、無色・無臭の液体で、吸入すると気道を刺激し、皮膚熱傷・結膜炎を起こすため、保護具として酸性ガス用防毒マスク・保護めがね・保護手袋・保護衣を着用する。

ニ　硝酸は、刺激臭のある無色又は淡黄色の液体で、皮膚や目に薬傷を起こし、吸入により肺水腫を起こす危険があるため、保護具として酸性ガス用防毒マスク・保護めがね・保護手袋・保護衣を着用する。

25　純水の製造法の記述として、誤っているものはどれか。

イ　陽イオン交換の工程では、陽イオン基をもった樹脂を用いて水中の陰イオンを捕獲する。

ロ　逆浸透法で純水を得るとき、原料側は透過側よりも圧力が高い。

ハ　UV酸化の工程では、有機物を酸化、分解する。

ニ　精密ろ過又は限外ろ過(UF)で分離するのは、高分子物質、コロイド物質、バクテリアなどである。

令和２年度 技能検定
２級 半導体製品製造 学科試験問題
（集積回路組立て作業）

1. 試験時間　1時間40分
2. 問題数　50題(A群25題、B群25題)
3. 注意事項

(1)　係員の指示があるまで、この表紙はあけないでください。

(2)　答案用紙(真偽法と多肢択一法の併用)に検定職種名、作業名、級別、受検番号、氏名を必ず記入してください。

(3)　係員の指示に従って、問題数を確かめてください。それらに異常がある場合は、黙って手を挙げてください。問題はA群(真偽法)とB群(多肢択一法)とに分かれています。

(4)　試験開始の合図で始めてください。

(5)　解答の方法(真偽法と多肢択一法の併用)は次のとおりです。

イ.　A群の問題(真偽法)は、一つ一つの問題の内容が正しいか、誤っているかを判断して解答してください。

ロ.　B群の問題(多肢択一法)は、正解と思うものを一つだけ選んで、解答してください。二つ以上に解答した場合は誤答となります。

ハ.　答案用紙(マークシート用紙)へ解答する際は、答案用紙に記載されている注意事項に従ってください。

ニ.　答案用紙の解答欄は、A群の問題とB群の問題とでは異なります。所定の解答欄に、試験問題の題数に応じて解答してください。解答欄はA群は50題まで、B群は25題まで解答できるようになっています。

(6)　電子式卓上計算機その他これと同等の機能を有するものは、使用してはいけません。

(7)　携帯電話、スマートフォン、ウェアラブル端末等は、使用してはいけません。

(8)　試験中、質問があるときは、黙って手を挙げてください。ただし、試験問題の内容、漢字の読み方等に関する質問にはお答えできません。

(9)　試験終了時刻前に解答ができあがった場合は、黙って手を挙げて、係員の指示に従ってください。

(10)　試験中に手洗いに立ちたいときは、黙って手を挙げて、係員の指示に従ってください。

(11)　試験終了の合図があったら、筆記用具を置き、係員の指示に従ってください。

［A群（真偽法)］

1 単位体積中に含まれるキャリアであるホール(正孔)の数が、自由電子の数より多い半導体をP形半導体という。

2 Si の単結晶は、ダイヤモンド型構造である。

3 Si 結晶中にBを加えると、共有結合の際にBの電子が1個余る。

4 MOSとは、metal-oxide-semiconductor の略である。

5 PN接合ダイオードは、整流に使用する場合、N形半導体からP形半導体の方向に電流が流れる。

6 DRAM(ダイナミックRAM)は、一定周期でリフレッシュしないとメモリ内容が消失してしまう。

7 ϕ300 mmのウェーハは、ϕ200 mmのウェーハに比べ、ICチップの取得数は1.5倍になる。

8 10 Ωの抵抗を5個並列に接続すると、合成抵抗は50 Ωになる。

9 3 pFのコンデンサを3個並列につなぐと、合成静電容量は1 pFになる。

10 気密封止パッケージの組立て工程は、温湿度管理をしていれば、クリーン度は要求されない。

11 下記の作業の歩留りは、95 %である。
作業予定数・・・・・ 500 個
作業投入数・・・・・ 490 個
良品数・・・・・・・ 475 個

12 正規分布のばらつきを表すのに標準偏差σ(シグマ)を用いるが、このσ値が大きいほど、ばらつきは小さい。

13 日本産業規格(JIS)によれば、製図に用いられる[寸法補助記号]とその[意味]の組合せは、いずれも正しい。

[寸法補助記号]	[意味]
R	直径
□	正方形の辺

［A群（真偽法）］

14 製造物責任法(PL法)関係法令で、製造者は、製品の欠陥によって人の生命、身体又は財産に損害が生じた場合、発生した損害に対して賠償責任を負わなければならないと規定されている。

15 環境基本法関係法令によれば、事業者は、その事業活動を行うに当たっては、これに伴って生ずるばい煙、汚水、廃棄物等の処理その他の公害を防止し、又は自然環境を適正に保全するために必要な措置を講ずる責務を有する。

16 リード切断工程において、ポンチ(パンチ)とダイの摩耗によりクリアランスが大きくなるほど、切断部に発生する金属バリは、大きくなる。

17 樹脂封止パッケージに使用されている樹脂は、一般に、熱可塑性樹脂である。

18 ダイシング装置にダイシングブレードを取り付ける際は、締付けトルクが指定されている。

19 ダイシング工程の切削水は、静電気対策のため、抵抗率を下げている。

20 蛍光X線によるめっき厚測定は、非破壊検査である。

21 軟X線透視によって、封止時の樹脂によるAu線の流れをチェックすることができる。

22 プラスチックパッケージは、耐湿性に優れているので、高湿度環境で使用するICに適している。

23 プラスチックパッケージでは、水分が侵入したとき、塩素イオン(Cl^-)によりチップ表面のアルミニウムが腐食することがある。

24 途中製品(封止工程前)を長期保管する際は、クリーン度の高い保管ボックスで管理すれば、温湿度を気にしなくても影響はない。

25 チップ表面の汚染源の一つには、人体の汗、つば等があり、組立て工程中での素子汚染を防止する注意と対策が必要である。

［B群（多肢択一法)］

1　ORを表すMIL論理記号はどれか。

イ　ロ　ハ　ニ

2　スクリーニングの説明として、正しいものはどれか。

イ　使用期間における初期故障を減らすために行う試験
ロ　使用期間における摩耗故障を減らすために行う試験
ハ　使用期間における偶発故障を減らすために行う試験
ニ　使用期間における成熟故障を減らすために行う試験

3　文中の(　　)内に当てはまる語句として、正しいものはどれか。

生産設備の性能評価のための指数の一つとしてMTBFが用いられるが、日本産業規格(JIS)の「生産管理用語」によれば、これは(　　)のことである。

イ　平均故障時間
ロ　平均稼働時間
ハ　平均故障間隔
ニ　平均故障修理時間

4　品質管理で、項目別に層別して出現頻度の大きさの順に並べるとともに、累積和を示した図はどれか。

イ　ヒストグラム
ロ　散布図
ハ　パレート図
ニ　アローダイヤグラム

5　耐湿性を調べる試験はどれか。

イ　バーンインテスト
ロ　剪《せん》断強度試験
ハ　温度サイクル試験
ニ　PCT(プレッシャークッカーテスト)

6　リード外装を電気めっきで形成する際の製品側と、めっき槽側の電極の極性の組合せとして、正しいものはどれか。

	製品側	めっき槽側
イ	陽極	陽極
ロ	陽極	陰極
ハ	陰極	陽極
ニ	陰極	陰極

［B群（多肢択一法）］

7　文中の(　　)内に当てはまる語句の組合せとして、正しいものはどれか。

ダイシングブレードは、ダイヤモンド砥《と》粒をボンド材で固めたものであり、ウェーハの欠けやチッピングを少なくするためには、一般に、ダイヤモンド砥粒径は(　①　)するほうが、また、ボンド材の接着強度は(　②　)するほうがよい。

	①	②
イ	大きく	強く
ロ	大きく	弱く
ハ	小さく	強く
ニ	小さく	弱く

8　文中の(　　)内に当てはまる語句の組合せとして、正しいものはどれか。

超音波併用熱圧着ワイヤボンディングにおいて、AuボールがAlパッド表面からはく離する要因として、超音波パワーが(　A　)こと、チップ電極上が(　B　)していることが考えられる。

	A	B
イ	高い	酸化
ロ	低い	酸化
ハ	高い	窒化
ニ	低い	窒化

9　集積回路外部端子の表面めっきとして、使用されていないものはどれか。

イ　Au

ロ　Cu

ハ　Pd

ニ　Sn

10　文中の(　　)内に当てはまる語句の組合せとして、正しいものはどれか。

TSOPなどの薄型パッケージをリフロー炉で実装するとき、ダイパッド下部に溜まった水分が(　A　)することによりパッケージクラックが発生した。この不良発生現象を(　B　)現象という。

	A	B
イ	膨張	ポテトチップ
ロ	凝固	ポテトチップ
ハ	膨張	ポップコーン
ニ	凝固	ポップコーン

［B群（多肢択一法）］

11　文中の(　　)内に当てはまる語句として、正しいものはどれか。

　ダイボンディング工程における表面非接触のピックアップには、(　　)が用いられる。

イ　円筒コレット

ロ　平コレット

ハ　円すいコレット

ニ　角すいコレット

12　文中の（　　）内に当てはまる語句の組合せとして、適切なものはどれか。

　QFPに使用しているワイヤボンディング用のAu線で、一般に、純金線と呼ばれているもののAuの純度は（ A ）%以上、合金線と呼ばれているもののAuの純度は（ B ）%以上である。

	A	B
イ	99.99	99
ロ	99.99	90
ハ	99.9	99
ニ	99.9	90

13　代表的なリードフレーム材料として、42アロイ(Fe-Ni合金)がある。42の意味として、正しいものはどれか。

イ　FeとNiの重量比でFeが約42(wt%)である。

ロ　FeとNiの重量比でNiが約42(wt%)である。

ハ　FeとNiの原子比でFeが約42(wt%)である。

ニ　FeとNiの原子比でNiが約42(wt%)である。

14　プラスチックパッケージに用いられる一般的なモールド樹脂の成分に関する記述として、誤っているものはどれか。

イ　フィラーの含有率を減少させると、モールド樹脂の強度が上がる。

ロ　顔料は、樹脂が光を通さないように着色するために添加している。

ハ　フィラーの含有率を増加させると、モールド樹脂の線膨張率が低くなる。

ニ　離型剤は、モールド金型から樹脂が剥がれやすくするために添加されている。

15　PBGA用の基板で、配線に使用されていない金属はどれか。

イ　Au

ロ　Ag

ハ　Cu

ニ　Ni

［B群（多肢択一法）］

16　プラスチックパッケージとセラミックパッケージを比較した場合、プラスチックパッケージの特徴として、誤っているものはどれか。

イ　大量生産しやすい。

ロ　低コストで生産できる。

ハ　耐熱性に優れている。

ニ　耐湿性に劣る。

17　文中の(　　)内に入る語句として、適切なものはどれか。

表面実装型の代表的ICパッケージには、(　　)がある。

イ　DIP

ロ　SOP

ハ　SIP

ニ　ZIP

18　プラスチックQFPに関する記述として、正しいものはどれか。

イ　パッケージ裏面に、はんだボールが搭載されている。

ロ　パッケージの4辺中2辺からのみリード端子が出ている。

ハ　リード端子を差し込んで取り付ける。

ニ　モールド樹脂によって封止されている。

19　文中の(　　)内に当てはまる語句の組合せとして、正しいものはどれか。

多ピンでパッケージサイズを小さくするときには、(　A　)型パッケージが有利であり、その表面実装型として、端子部にはんだボールを付けた(　B　)が多く使われている。

	A	B
イ	グリッドアレイ	BGA
ロ	TAB	PGA
ハ	グリッドアレイ	PGA
ニ	TAB	BGA

20　集積回路組立てに用いられる装置と、その装置に関する部品との組合せとして、誤っているものはどれか。

	装置	部品
イ	ダイサ	ブレード
ロ	ダイボンダ	突き上げピン
ハ	ワイヤボンダ	コレット
ニ	トランスファモールド	プランジャ

［B群（多肢択一法）］

21　文中の(　　)内に当てはまる語句として、適切なものはどれか。

一般的な超音波ワイヤボンディングは、(　①　)線用のボンディング方法であり、ボンディング部の加熱が(　②　)である。

	①	②
イ	Al	不要
ロ	Au	不要
ハ	Al	必要
ニ	Au	必要

22　文中の(　　)内に当てはまる語句の組合せとして、正しいものはどれか。

モールディング工程において、金型が汚れてきた場合には、(　①　)樹脂又は(　②　)製クリーニングシートでクリーニングを行う。

	①	②
イ	エポキシ	ポリイミド樹脂
ロ	エポキシ	ゴム
ハ	メラミン	ポリイミド樹脂
ニ	メラミン	合成ゴム

23　プラスチックパッケージのダイボンディング工程において、実施されていない検査方法はどれか。

イ　軟(ソフト)X線検査
ロ　ダイシェアテスト
ハ　グロスリークテスト
ニ　スタッドプルテスト

24　静電気(ESD)対策として、適切でないものはどれか。

イ　製品が直接触れる作業机の部分は金属製にし、接地する。
ロ　リストストラップを使用する。
ハ　導電性シューズと導電性マットを併用する。
ニ　イオナイザを取り付ける。

25　ダウンフロー方式のクリーンルーム内における防塵《じん》対策として、有効でないものはどれか。

イ　設備内で、干渉及び摩擦によると思われる異常音が発生していたので、その箇所を特定し、干渉及び摩擦が起こらないような構造に変更した。
ロ　設備についているプラスチック板を、絶縁物から導電性のものに変更した。
ハ　製品の保管位置を、床への直置きから、50 cm以上の高さの棚へ変更した。
ニ　湿度を、60%から30%に下げた。

令和元年度 技能検定
2級 半導体製品製造 学科試験問題
（集積回路組立て作業）

1. 試験時間　1時間40分
2. 問題数　50題(A群25題、B群25題)
3. 注意事項

(1)　係員の指示があるまで、この表紙はあけないでください。

(2)　答案用紙(真偽法と多肢択一法の併用)に検定職種名、作業名、級別、受検番号、氏名を必ず記入してください。

(3)　係員の指示に従って、問題数を確かめてください。それらに異常がある場合は、黙って手を挙げてください。問題はA群(真偽法)とB群(多肢択一法)とに分かれています。

(4)　試験開始の合図で始めてください。

(5)　解答の方法(真偽法と多肢択一法の併用)は次のとおりです。

イ．　A群の問題(真偽法)は、一つ一つの問題の内容が正しいか、誤っているかを判断して解答してください。

ロ．　B群の問題(多肢択一法)は、正解と思うものを一つだけ選んで、解答してください。二つ以上に解答した場合は誤答となります。

ハ．　答案用紙(マークシート用紙)へ解答する際は、答案用紙に記載されている注意事項に従ってください。

ニ．　答案用紙の解答欄は、A群の問題とB群の問題とでは異なります。所定の解答欄に、試験問題の題数に応じて解答してください。解答欄はA群は50題まで、B群は25題まで解答できるようになっています。

(6)　電子式卓上計算機その他これと同等の機能を有するものは、使用してはいけません。

(7)　携帯電話等は、使用してはいけません。

(8)　試験中、質問があるときは、黙って手を挙げてください。ただし、試験問題の内容、漢字の読み方等に関する質問にはお答えできません。

(9)　試験終了時刻前に解答ができあがった場合は、黙って手を挙げて、係員の指示に従ってください。

(10)　試験中に手洗いに立ちたいときは、黙って手を挙げて、係員の指示に従ってください。

(11)　試験終了の合図があったら、筆記用具を置き、係員の指示に従ってください。

[A群(真偽法)]

1 半導体において、単位体積中に含まれるキャリアである正孔(ホール)の数が、電子の数よりも多いものをN形半導体という。

2 Siの結晶構造は、体心立方格子構造である。

3 GaAsの特長の一つに、Siに比べ、電子の移動度が大きいことが挙げられる。

4 Siの結晶中にBを加えると、自由電子ができてN形の半導体になる。

5 MOS構造の“O”とは、Organic(有機)を意味する。

6 PN接合素子には、電流の整流作用がない。

7 ポジフォトレジストとは、露光された部分が現像液によって可溶となるタイプのフォトレジストをいう。

8 10 Ωの抵抗を5個並列に接続したときの合成抵抗は2 Ωである。

9 導線の電気抵抗は、導線が長くなると小さくなり、断面積が大きくなると大きくなる。

10 初期故障モードを示す不具合品を、適切なスクリーニングを行って除去することによって、製品の初期故障率を低減させることができる。

11 装置の信頼性を評価する指標の一つとして、MTBFが用いられる。

12 統計処理において中央値とは、最大値と最小値の平均値である。

13 日本工業規格(JIS)によれば、下記の製図に用いられる寸法補助記号とその意味との組合せはいずれも正しい。

寸法補助記号	意味
R	半径
□	正方形の辺

14 労働安全衛生法関係法令によれば、製造業で、常時50人以上の労働者を使用する場合は、安全管理者を選任する必要がある。

15 大気汚染防止法及び水質汚濁防止法は、いずれも生活環境の保全に関連する法律である。

［A群(真偽法)］

16　Au-Sn共晶材を用いる封止は、一般に、空気中で行う。

17　Au線が広く利用される利点として、「化学的に安定している」、「展延性に富んでいる」、「加工しやすい」等が挙げられる。

18　ダイボンディングを行うときは、チップをピックアップするのにコレットを用いる。

19　Au-Si共晶合金でダイボンディングを行う際のヒータは、300 ℃±10 ℃に設定する。

20　プラスチックパッケージの耐湿性は、ヘリウムリークディテクタで検査する。

21　気密封止パッケージで行われるPIND試験は、製品内部に閉じ込められた動く異物を検出するテストである。

22　アセンブリ工程中で人体にアース接続を取って作業する目的は、ICの静電破壊不良を防止することである。

23　タイバー(ダムバー)カットの金型で、下型ダイの溝幅と上型タイバーカットパンチ幅のクリアランスが大きいと、パンチの摩耗が起きやすく、狭すぎるとカット面にダレが生じやすい。

24　クリーンルーム内に保管された製品が帯電していると、塵埃《じんあい》が静電吸引され、製品に付着しやすくなる。

25　クリーンルームにおける防塵《じん》管理の基本は、「発生塵埃《じんあい》の速やかな除去」及び「塵埃《じんあい》を堆積させない」の2点である。

[B群(多肢択一法)]

1　真理値表の中で、ORを表すものはどれか。

イ

入力		出力
A	B	C
0	0	0
0	1	0
1	0	0
1	1	1

ロ

入力		出力
A	B	C
0	0	0
0	1	1
1	0	1
1	1	1

ハ

入力		出力
A	B	C
0	0	1
0	1	1
1	0	1
1	1	0

ニ

入力		出力
A	B	C
0	0	1
0	1	0
1	0	0
1	1	0

2　NMOS LSIと比較した場合、CMOS LSIの特徴として、誤っているものはどれか。

イ　消費電力が多い。
ロ　雑音に比較的強い。
ハ　低電圧動作が容易である。
ニ　製造プロセスが複雑で長い。

3　1枚のウェーハに設計上200個のチップがある。工程歩留80 %の製品を15,000 個生産するのに必要なウェーハ枚数は何枚か。

イ　75枚
ロ　84枚
ハ　94枚
ニ　105枚

4　次のうち、QC7つ道具として、正しいものはどれか。

イ　チェックシート、グラフ、パレート図、特性要因図、散布図、ヒストグラム、管理図
ロ　チェックシート、グラフ、系統図、特性要因図、散布図、ヒストグラム、管理図
ハ　チェックシート、グラフ、パレート図、アローダイヤグラム、散布図、ヒストグラム、管理図
ニ　チェックシート、グラフ、パレート図、特性要因図、散布図、連関図、管理図

［B群(多肢択一法)］

5　下図は、バスタブ・カーブ(故障率の時間的推移)である。図中の(　　)の期間として、適切な組合せはどれか。

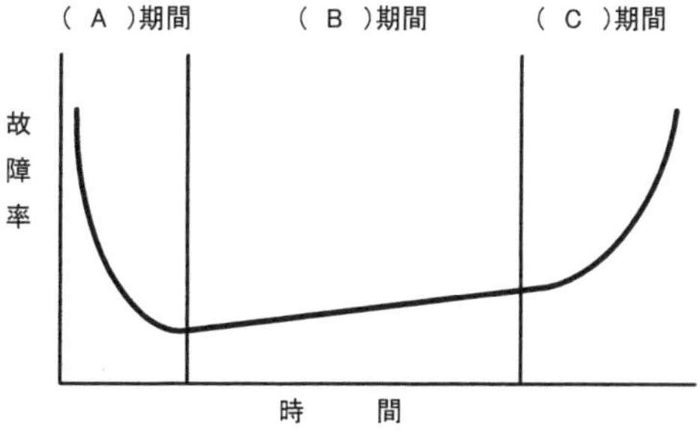

	A	B	C
イ	初期故障	量産故障	成熟故障
ロ	偶発故障	初期故障	摩耗故障
ハ	初期故障	偶発故障	摩耗故障
ニ	初期故障	摩耗故障	偶発故障

6　ワイヤボンディング工程に用いられない方法はどれか。

イ　超音波併用熱圧着法
ロ　熱圧着法
ハ　超音波法
ニ　はんだ接続法

7　文中の(　　)内に当てはまる語句の組合せとして、適切なものはどれか。

Au-Si共晶接合でダイボンディングを行う場合には、濡れ性を向上させるために、コレットを微動させて(　A　)を加えたり、加熱した窒素ガスを吹き付けるなどして(　B　)反応を防止する。

	A	B
イ	スクラブ	酸化
ロ	スクラブ	還元
ハ	超音波振動	酸化
ニ	超音波振動	還元

8　文中の(　　)内に当てはまる語句として、正しいものはどれか。

TQFP等のワイヤボンディングでは、低ループかつ所定のワイヤ形状を得るために、(　　)の軌跡を制御することが重要である。

イ　クランパ
ロ　フレーム押さえ
ハ　キャピラリ
ニ　ウェッジ

[B群(多肢択一法)]

9　文中の(　　　)内に当てはまる語句の組合せとして、適切なものはどれか。

半導体組立てのワイヤボンディングには、一般に、Au線とAl線が使用されている。Au線とAl電極との接合部は、(　A　)環境下において(　B　)の成長による強度劣化の心配があり、また、Al線は腐食しやすいという信頼性上の問題がある。

	A	B
イ	高温	金属間化合物
ロ	高温	単結晶
ハ	常温	単結晶
ニ	常温	金属間化合物

10　P－BGAの組立て工程において、プラズマ洗浄やUV洗浄が行われている。この作業の目的として、適切なものはどれか。

イ　基板内の水分を除去するため。

ロ　基板の静電気を除去するため。

ハ　基板の耐熱性を向上させるため。

ニ　基板と封止樹脂との密着性を向上させるため。

11　文中の(　　)内に入る語句の組合せとして、適切なものはどれか。

リード外装に用いられるめっき材料としては、(　A　)の合金材がある。一方、環境保全の観点から種々の(　B　)フリー材料が量産化されている。

	A	B
イ	Sn-Pb	Sn
ロ	Au-Pb	Pb
ハ	Sn-Pb	Pb
ニ	Au-Pb	Au

12　ダイボンディング工程で使用されている接合材料について、一般に、接合温度の高い順に並べたものはどれか。

イ　Au-Si共晶　＞　エポキシ樹脂　＞　Au-Sn共晶

ロ　Au-Si共晶　＞　Au-Sn共晶　＞　エポキシ樹脂

ハ　Au-Sn共晶　＞　Au-Si共晶　＞　エポキシ樹脂

ニ　エポキシ樹脂　＞　Au-Sn共晶　＞　Au-Si共晶

［B群(多肢択一法)］

13　ダイシング前作業であるウェーハ貼付け作業で使用されるキャリアテープに関する記述として、誤っているものはどれか。

イ　UVテープが使用されている理由は、弱粘着テープよりテープコストが安価なためである。

ロ　弱粘着テープが使用されている理由として、UVテープを使用する場合に比べ、工程(作業)が少なくできることが挙げられる。

ハ　ウェーハ貼付け後及びUV照射後の保管期間が長くなると、粘着テープとチップとの接着力は、強くなる傾向にある。

ニ　弱粘着テープの欠点は、小チップと大チップで接着力の異なるテープを使用しなければならないことである。

14　Agペーストに関係のないものはどれか。

イ　解凍

ロ　ブリード

ハ　フィラー

ニ　スパイラルフロー

15　リードフレームの材質である42アロイに関する記述として、正しいものはどれか。

イ　Cuの量が42 wt%である。

ロ　Feの量が42 wt%である。

ハ　Niの量が42 wt%である。

ニ　Snの量が42 wt%である。

16　表面実装タイプパッケージのBGAに関する記述として、正しいものはどれか。

イ　Bは、リードフレームの代わりに用いられているパッケージ基板のBoardのBのことである。

ロ　Gは、端子配列のGridのGのことである。

ハ　Gは、パッケージ基板に用いられているガラス繊維入りエポキシ材のGlassのGのことである。

ニ　Aは、AssemblyのAのことである。

17　TABとTCPに関する記述として、正しいものはどれか。

イ　TABはパッケージの名称で、TCPは接続方式の名称である。

ロ　TABは接続方式の名称で、TCPはパッケージの名称である。

ハ　TAB、TCPともにパッケージの名称である。

ニ　TAB、TCPともに接続方式の名称である。

[B群(多肢択一法)]

18　パッケージの主要機能として、誤っているものはどれか。

イ　チップを光から遮へいする。

ロ　チップで発生した熱を放熱する。

ハ　チップを塵埃《じんあい》から遮へいする。

ニ　チップが発生した電界を吸収する。

19　リードの形状がガルウィングと呼ばれる形状に成形されているパッケージはどれか。

イ　BGA

ロ　DIP

ハ　QFP

ニ　SOJ

20　トランスファモールド工程に関係のないものはどれか。

イ　プレス機

ロ　タブレット

ハ　キャピラリ

ニ　金型

21　超音波併用熱圧着ワイヤボンディング法に関する記述として、正しいものはどれか。

イ　常温で接合可能である。

ロ　超音波ワイヤボンディング法と比べて、ボンディングスピードが速い。

ハ　ボンディング方向に制約がある。

ニ　チップ側、リードフレーム側ともにウェッジボンディングである。

22　文中の(　　)内に当てはまる語句の組合せとして、適切なものはどれか。

ダイシング工程において、(　A　)を交換した場合には、(　B　)というならし運転を行う。

	A	B
イ	ブレード	エキスパンド
ロ	ブレード	ドレッシング
ハ	ホイール	エキスパンド
ニ	ホイール	ドレッシング

23　SATで判断できる不良内容として、適切でないものはどれか。

イ　樹脂のボイド

ロ　ワイヤ変形

ハ　樹脂はく離

ニ　パッケージクラック

[B群(多肢択一法)]

24　ワイヤボンディング工程における断線不良の原因として、適切でないものはどれか。

イ　キャピラリの汚れ
ロ　ワイヤ線の汚れ
ハ　インナリードの汚れ
ニ　アウタリードの汚れ

25　日本工業規格(JIS)によれば、クリーンルームの清浄度クラス5として、その部屋の空気1 m^3中に含まれる粒子の数が100,000個以下であることを表している粒子の粒径として正しいものはどれか。

イ　0.1 μm以上
ロ　0.3 μm以上
ハ　0.5 μm以上
ニ　1 μm以上

平成30年度 技能検定
2級 半導体製品製造 学科試験問題
(集積回路組立て作業)

1. 試験時間　1時間40分
2. 問題数　50題(A群25題、B群25題)
3. 注意事項

(1)　係員の指示があるまで、この表紙はあけないでください。

(2)　答案用紙(真偽法と多肢択一法の併用)に検定職種名、作業名、級別、受検番号、氏名を必ず記入してください。

(3)　係員の指示に従って、問題数を確かめてください。それらに異常がある場合は、黙って手を挙げてください。問題はA群(真偽法)とB群(多肢択一法)とに分かれています。

(4)　試験開始の合図で始めてください。

(5)　解答の方法(真偽法と多肢択一法の併用)は次のとおりです。

イ．　A群の問題(真偽法)は、一つ一つの問題の内容が正しいか、誤っているかを判断して解答してください。

ロ．　B群の問題(多肢択一法)は、正解と思うものを一つだけ選んで、解答してください。二つ以上に解答した場合は誤答となります。

ハ．　答案用紙(マークシート用紙)へ解答する際は、答案用紙に記載されている注意事項に従ってください。

ニ．　答案用紙の解答欄は、A群の問題とB群の問題とでは異なります。所定の解答欄に、試験問題の題数に応じて解答してください。解答欄はA群は50題まで、B群は25題まで解答できるようになっています。

(6)　電子式卓上計算機その他これと同等の機能を有するものは、使用してはいけません。

(7)　携帯電話等は、使用してはいけません。

(8)　試験中、質問があるときは、黙って手を挙げてください。ただし、試験問題の内容、漢字の読み方等に関する質問にはお答えできません。

(9)　試験終了時刻前に解答ができあがった場合は、黙って手を挙げて、係員の指示に従ってください。

(10)　試験中に手洗いに立ちたいときは、黙って手を挙げて、係員の指示に従ってください。

(11)　試験終了の合図があったら、筆記用具を置き、係員の指示に従ってください。

［A群(真偽法)］

1　GaAsは、化合物半導体の一つである。

2　Si単結晶では、Si原子は共有結合し、その結晶構造はダイヤモンド構造である。

3　真性半導体の温度を高くすると、抵抗率は高くなる。

4　一般に、GaAsの電子の移動度は、Siの電子の移動度に比べて大きい。

5　一般に、MOS ICは、バイポーラICよりも消費電力が大きい。

6　DRAM（ダイナミックRAM）は一定周期でリフレッシュしないとメモリ内容が消失してしまう。

7　バーンインテストとは、高温で通電を行い、初期故障モードを示す不具合品を除去するスクリーニングテストである。

8　導体の抵抗は、材料が同じならば、形状が異なっても抵抗値は変わらない。

9　三相電動機の回転速度は、電源周波数に比例して速くなる。

10　気密封止パッケージの組立て工程では、温湿度管理をしていればクリーン度は要求されない。

11　スタックドMCP(マルチチップパッケージ)とは、一つのパッケージ内の同一平面上に複数個のチップを配置したパッケージである。

12　特定の結果と要因との関係を系統的に魚の骨のような形で表したものを、パレート図という。

13　日本工業規格(JIS)によれば、機械製図の投影法での中心線は、細い二点鎖線を用いることと規定されている。

14　製造物責任法(PL法)では、製品の欠陥によって人の生命、身体又は財産に損害が生じた場合、製造者は発生した損害に対して賠償責任を負わなければならないとしている。

15　フェールセーフとは、人間が機械の操作を誤っても、それが災害につながる前に警報が働く機能を意味する。

16　超音波併用熱圧着ワイヤボンディング法では、一般的に120～240℃程度の加熱でボンディングを行う。

[A群(真偽法)]

17　集積回路の製造に用いるSiウェーハは、多結晶体である。

18　Au-Si共晶合金でダイボンディングを行う際のヒータは、300℃±10℃に設定する。

19　ダイシング装置にダイシングブレードを取り付ける際は、締付けトルクが指定されている。

20　蛍光X線によるめっき厚測定は、非破壊検査である。

21　軟X線透視によって、封止時の樹脂によるAu線の流れをチェックすることができる。

22　プラスチックパッケージでは、水分が侵入したとき、塩素イオン(Cl^-)によりチップ表面のアルミニウムが腐食することがある。

23　プラスチックパッケージは、耐湿性に優れているので、高湿度環境で使用するICに適している。

24　クリーンルーム内に保管された製品が帯電していると、塵埃《じんあい》が静電吸引され、製品に付着しやすくなる。

25　クリーンルームにおける防塵《じん》管理の基本は、「発生塵埃《じんあい》の速やかな除去」及び「塵埃《じんあい》を堆積させない」の2点である。

[B群(多肢択一法)]

1　次のMIL論理記号の中で、ORを表すものはどれか。

イ

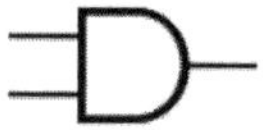

ロ

ハ

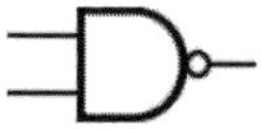

ニ

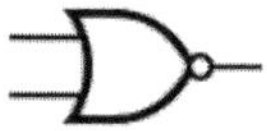

2　バスタブカーブに関する記述として、誤っているものはどれか。

イ　故障率の時間推移を描いたグラフの形状をいう。

ロ　初期故障期間、偶発故障期間、摩耗故障期間の3つの期間に分けられる。

ハ　生産量と生産コストを読み取ることができる。

ニ　バスタブの形状に由来する。

3　日本工業規格(JIS Z8141)の生産管理用語によれば、生産設備の稼働率管理に用いる「MTBF」の意味として、適切なものはどれか。

イ　平均故障間隔

ロ　平均修復時間

ハ　平均故障回数

ニ　平均修復回数

4　工程能力指数Cp=1.33、Cpk=0.67の時の工程状況として、正しいものはどれか。

イ　バラツキは小さいが、規格中心からの偏りは大きい。

ロ　バラツキ、規格中心からの偏りとも小さく良好である。

ハ　規格中心からの偏りは小さいが、バラツキは大きい。

ニ　バラツキ、規格中心からの偏りとも大きい。

5　次の信頼性試験のうち、機械的試験に当てはまらないものはどれか。

イ　振動試験

ロ　衝撃試験

ハ　端子の引張り強さ試験

ニ　PCT(プレッシャークッカー試験)

[Ｂ群(多肢択一法)]

6　文中の(　　)内に当てはまる語句の組合せとして、正しいものはどれか。

　ダイシングブレードは、ダイヤモンド砥《と》粒をボンド材で固めたものであり、ウェーハの欠けやチッピングを少なくするためには、一般に、ダイヤモンド砥粒径は(　①　)するほうが、また、ボンド材の接着強度は(　②　)するほうがよい。

	①	②
イ	大きく	強く
ロ	大きく	弱く
ハ	小さく	強く
ニ	小さく	弱く

7　トランスファモールドによる封止方法として、誤っているものはどれか。

イ　一般に、約170～180℃の金型温度で行われる。

ロ　樹脂封止後のキュアは、樹脂中の気体や、揮発分を除去するために行う。

ハ　マルチプランジャ方式のモールド装置は、シングルプランジャ方式に比べて均一な品質が得られやすい。

ニ　一定回数の封止を行った後は、一般に、クリーニング樹脂による金型のクリーニングを行う。

8　文中の(　　)内に当てはまる語句の組合せとして、正しいものはどれか。

超音波併用熱圧着ワイヤボンディングでは、一般に、純度(　①　)、直径(　②　)のAu線を用いて、周波数は(　③　)程度の超音波を用いる。

	①	②	③
イ	99.99%以上	50～90μm	60～120kHz
ロ	99.99%以上	20～50μm	60～120kHz
ハ	99%以上	50～90μm	200～500kHz
ニ	99%以上	20～50μm	200～500kHz

9　文中の(　　)内に当てはまる語句の組合せとして、正しいものはどれか。

　超音波併用熱圧着ワイヤボンディングにおいて、Auボールが Alパッド表面からはく離する要因として、超音波パワーが(　A　)こと、チップ電極上が(　B　)していることが考えられる。

	A	B
イ	高い	酸化
ロ	低い	酸化
ハ	高い	窒化
ニ	低い	窒化

10　次に示すプラスチックBGAパッケージの組立工程中で、一般に、最も高い温度が必要な工程はどれか。

イ　フィルムダイボンディング工程(含むアフターキュア)

ロ　超音波併用熱圧着ワイヤボンディング工程

ハ　樹脂封止(封入)工程

ニ　鉛フリーボールマウント工程(含むリフロー)

[B群(多肢択一法)]

11　ダイシングで一般に使用されている洗浄水に関する記述として、正しいものはどれか。

イ　清浄度とコストを考慮し、蒸留水を使用する。
ロ　ブレードの冷却性を考慮し、純水に沸点の低いアルコールを添加したものを使用する。
ハ　Si粉の洗浄性を考慮し、純水に界面活性材を添加したものを使用する。
ニ　電気抵抗率を考慮し、純水にCO_2を溶解したものを使用する。

12　文中の(　　)内に当てはまる語句として、正しいものはどれか。

ダイボンディング工程における表面非接触のピックアップには、(　　)が用いられる。

イ　円筒コレット
ロ　平コレット
ハ　円すいコレット
ニ　角すいコレット

13　プラスチックパッケージに用いられる一般的なモールド樹脂の成分に関する記述として、誤っているものはどれか。

イ　フィラーの含有率を減少させると、モールド樹脂の強度が上がる。
ロ　顔料は、樹脂が光を通さないように着色するために添加している。
ハ　フィラーの含有率を増加させると、モールド樹脂の線膨張率が低くなる。
ニ　離型剤は、モールド金型から樹脂が剥がれやすくするために添加されている。

14　TCPに使用されるテープの材質はどれか。

イ　ポリフェノール
ロ　ポリエチレン
ハ　ポリイミド
ニ　ポリウレタン

15　ダイシング前作業であるウェーハ貼付け作業で使用されるキャリアテープに関する記述として、誤っているものはどれか。

イ　UVテープが使用されている理由は、弱粘着テープよりテープコストが安いからである。
ロ　弱粘着テープが使用されている理由として、UVテープを使用する場合に比べ、工程(作業)が少なくできることが挙げられる。
ハ　ウェーハ貼付け後及びUV照射後の保管期間が長くなると、粘着テープとチップとの接着力は、強くなる傾向にある。
ニ　弱粘着テープの欠点は、小チップと大チップで接着力の異なるテープを使用しなければならないことである。

[Ｂ群(多肢択一法)]

16　樹脂封止パッケージのQFPに関する記述として、正しいものはどれか。
　イ　Qの意味は品質を表すQualityのQのことである。
　ロ　Fは端子に用いられる鉄(Fe)合金のFのことである。
　ハ　Pの意味はPlasticsのPのことである。
　ニ　Fは平坦(Flat)のFのことである。

17　トランスファモールドパッケージの樹脂の性質として、正しいものはどれか。
　イ　熱可塑性
　ロ　熱硬化性
　ハ　熱可逆性
　ニ　熱軟化性

18　TABとTCPに関する記述として、正しいものはどれか。
　イ　TABはパッケージの名称で、TCPは接続方式の名称である。
　ロ　TABは接続方式の名称で、TCPはパッケージの名称である。
　ハ　TAB、TCPともにパッケージの名称である。
　ニ　TAB、TCPともに接続方式の名称である。

19　文中の(　　)内に当てはまる語句の組合せとして、適切なものはどれか。
　(　①　)やQFNといったパッケージ底面のボール又はランドを実装するパッケージでは、多数のパッケージをブロックとして一括にモールドし、(　②　)によって個片にする工法が使われている。

	①	②
イ	QFP	レーザ
ロ	QFP	ダイシング
ハ	BGA	レーザ
ニ	BGA	ダイシング

20　プラスチックパッケージのダイボンディングにおいて使用される器工具の組合せとして、正しいものはどれか。
　イ　キャピラリ、ディスペンスノズル
　ロ　コレット、突き上げピン
　ハ　フレーム押さえ、エジェクタピン
　ニ　トルクレンチ、キャピラリ

21　装置と使用工程の組合せとして、誤っているものはどれか。

	装置	使用工程
イ	CO_2バブラ	ダイシング
ロ	超音波ボンダ	ワイヤボンディング
ハ	ディスペンサ	リード成形
ニ	ウォータジェット	めっき前処理

[B群(多肢択一法)]

22　文中の(　　)内に当てはまる語句の組合せとして、正しいものはどれか。

　モールディング工程において、金型が汚れてきた場合には、(　①　)樹脂又は(　②　)製クリーニングシートでクリーニングを行う。

	①	②
イ	エポキシ	ポリイミド樹脂
ロ	エポキシ	ゴム
ハ	メラミン	ポリイミド樹脂
ニ	メラミン	合成ゴム

23　SATで判断できる不良内容として、適切でないものはどれか。

イ　樹脂のボイド
ロ　ワイヤ変形
ハ　樹脂はく離
ニ　パッケージクラック

24　樹脂モールドパッケージの封止工程におけるボイド不良の原因として、考えられるものはどれか。

イ　エアベント詰まり
ロ　成形時間不足
ハ　金型クランプ圧力不足
ニ　エジェクタピン動作不良

25　IC製造工程の一般的な保管条件で、リードフレームのAgめっき部分が変色(黒ずむ)することがある。この原因として考えられる最も可能性の高い原因はどれか。

イ　硫化物の生成
ロ　酸化物の生成
ハ　窒化物の生成
ニ　塩化物の生成

令和２年度 技能検定
１級 半導体製品製造 学科試験問題
（集積回路組立て作業）

1. 試験時間　1時間40分
2. 問題数　50題(A群25題、B群25題)
3. 注意事項

(1) 係員の指示があるまで、この表紙はあけないでください。

(2) 答案用紙(真偽法と多肢択一法の併用)に検定職種名、作業名、級別、受検番号、氏名を必ず記入してください。

(3) 係員の指示に従って、問題数を確かめてください。それらに異常がある場合は、黙って手を挙げてください。問題はA群(真偽法)とB群(多肢択一法)とに分かれています。

(4) 試験開始の合図で始めてください。

(5) 解答の方法(真偽法と多肢択一法の併用)は次のとおりです。

イ. A群の問題(真偽法)は、一つ一つの問題の内容が正しいか、誤っているかを判断して解答してください。

ロ. B群の問題(多肢択一法)は、正解と思うものを一つだけ選んで、解答してください。二つ以上に解答した場合は誤答となります。

ハ. 答案用紙(マークシート用紙)へ解答する際は、答案用紙に記載されている注意事項に従ってください。

ニ. 答案用紙の解答欄は、A群の問題とB群の問題とでは異なります。所定の解答欄に、試験問題の題数に応じて解答してください。解答欄はA群は50題まで、B群は25題まで解答できるようになっています。

(6) 電子式卓上計算機その他これと同等の機能を有するものは、使用してはいけません。

(7) 携帯電話、スマートフォン、ウェアラブル端末等は、使用してはいけません。

(8) 試験中、質問があるときは、黙って手を挙げてください。ただし、試験問題の内容、漢字の読み方等に関する質問にはお答えできません。

(9) 試験終了時刻前に解答ができあがった場合は、黙って手を挙げて、係員の指示に従ってください。

(10) 試験中に手洗いに立ちたいときは、黙って手を挙げて、係員の指示に従ってください。

(11) 試験終了の合図があったら、筆記用具を置き、係員の指示に従ってください。

［Ａ群（真偽法）］

1　化合物半導体とは、複数の元素を材料にしている半導体のことをいう。

2　真性半導体は、温度を上げると抵抗率が上がる。

3　半導体に光を照射すると電気抵抗が変化する現象を、圧電効果という。

4　SRAM(スタティックRAM)は、一定周期でリフレッシュをしなくてもメモリ内容は消失しないため、供給電源が切れても記憶内容はクリアされない。

5　NPNトランジスタにおいて、ベース電流とは、主にベースからコレクタに流れる電流のことである。

6　トンネル効果とは、電流が、抵抗率の著しく低い金属内を流れる現象である。

7　抵抗に交流が流れる場合、電流と電圧は同位相である。

8　力率80 %の負荷に200 Vの単相交流電圧を加えたとき、2 Aの電流が流れた。このときの消費電力は500 Wである。

9　半導体の製造工程において、重要な管理項目である湿度は、低いほど静電気が発生しやすくなるが、高くなるとラッチアップなどの不具合を引き起こす。

10　バックグラインディングは、ウェーハの側面を削ってチップの寸法を小さくする工程である。

11　日本産業規格(JIS)によれば、負荷計画とは、生産部門又は職場ごとに課す仕事量、すなわち、生産負荷を計算し、これを計画期間全体にわたって各職場に割り付ける活動のことである。

12　ウェーハプロセス歩留り80 %、組立て・試験歩留り90 %のICを10000 個出荷するためには、ウェーハプロセスへの投入は、IC 12500 個分のウェーハでよい。

13　日本産業規格(JIS)によれば、次の図記号は「Nチャネル絶縁ゲート形電界効果トランジスタ(IGFET)で、エンハンスメント形・単ゲート・サブストレートを内部でソースと接続しているもの」を表す。

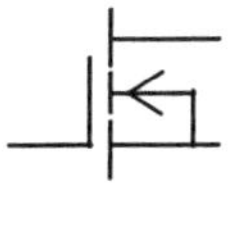

［A群（真偽法）］

14 高圧ガス保安法関係法令によれば、シアン化水素、一酸化炭素、塩素、酸化エチレンは、全て毒性ガスに定義されている。

15 世界半導体会議(WSC)では、CF_4、C_2F_6、C_3F_8、C_4F_8、CHF_3 に、SF_6、NF_3 を加えた7種類の温室効果ガスを削減対象としている。

16 ダイシング工程に用いる純水に二酸化炭素のバブリングを行うことがあるが、これは電気抵抗率を下げるためである。

17 AuとSiとの共晶温度は、430℃である。

18 超音波ボンディング装置でボンディングパッド下のチップ面にクラックが発生する場合、原因の一つとして、超音波出力が規定よりも低いことが考えられる。

19 ワイヤ接合強度を測る方法には、ワイヤプルテストとボールシェアテストがある。

20 プラスチックパッケージのモールド樹脂の最低溶融粘度を評価する方法として、スパイラルフローがある。

21 プレッシャークッカー試験は、樹脂封止パッケージの耐湿性を評価する方法である。

22 静電破壊不良は、パッケージの表面が帯電したときに発生する不良であり、パッケージ表面を除電すれば、元の正常状態に戻る。

23 リードフレームの表面に使われているAgめっきでは、空気中での保存で、表面が変色しボンディングやはんだのぬれ性が悪くなることがあるが、その理由はAgの硫化によることが多い。

24 日本産業規格(JIS)によれば、クリーンルームの清浄度を表すクラス5とは、その部屋の空気1 m^3中に含まれる0.1 μm以上の粒子の数が10,000個以下であることを表している。

25 プラスチックパッケージでは、絶縁性であれば異物が入ってもかまわない。

［B群（多肢択一法)］

1　Si 結晶の融点はどれか。

イ　1410 ℃ ～ 1420 ℃
ロ　1510 ℃ ～ 1520 ℃
ハ　1610 ℃ ～ 1620 ℃
ニ　1710 ℃ ～ 1720 ℃

2　一般的な論理回路の表現で、「すべての入力が状態 0 のときだけ、出力は状態 1を取る」を表すものはどれか。

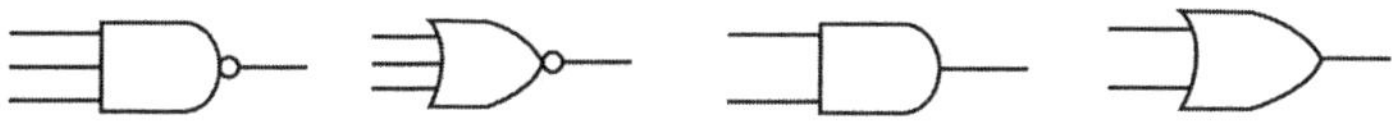

イ　　ロ　　ハ　　ニ

3　文中の(　　)内に当てはまる語句の組合せとして、正しいものはどれか。

MOSFETの(　A　)から(　B　)へ移動するキャリアが(　B　)近傍でチャネル電界により加速され、Si－SiO_2 界面のエネルギー障壁を乗り越えるのに十分なエネルギーを持った場合、これらのキャリアのことを(　C　)という。

	（ A ）	（ B ）	（ C ）
イ	ソース	ドレイン	ホットキャリア
ロ	ソース	ドレイン	ハイキャリア
ハ	ドレイン	ソース	ホットキャリア
ニ	ドレイン	ソース	ハイキャリア

4　工程能力指数が$C_p = 1.67$、$C_{pk} = 1.00$の時、工程状況として当てはまるものはどれか。

イ　バラツキ、偏りとも小さく良好である。
ロ　バラツキは大きいが、偏りは小さい。
ハ　バラツキは小さいが、偏りはやや大きい。
ニ　バラツキ、偏りとも大きい。

［B群（多肢択一法）］

5　下図は、LSIの故障率モデルとしてよく知られているバスタブ・カーブ(故障率の時間的推移)である。図中の(　　)の期間として、適切な組合せはどれか。

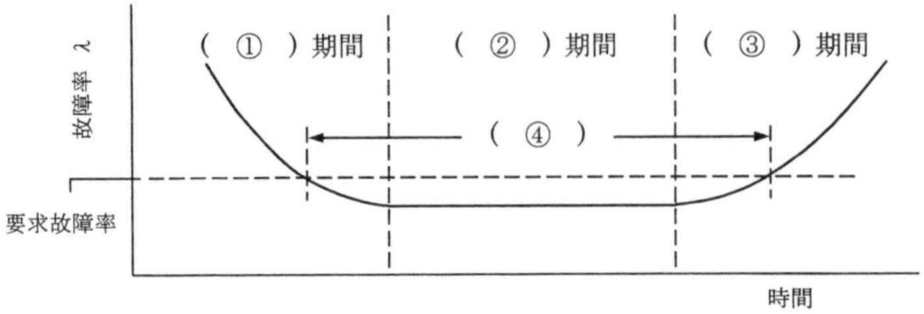

	①	②	③	④
イ	初期故障	偶発故障	摩耗故障	低歩留期間
ロ	偶発故障	初期故障	摩耗故障	低歩留期間
ハ	初期故障	摩耗故障	偶発故障	耐用寿命
ニ	初期故障	偶発故障	摩耗故障	耐用寿命

6　ダイシング工程において、一般的なブレードの回転数として、正しいものはどれか。

イ　300〜600 min^{-1} (rpm)

ロ　3000〜6000 min^{-1} (rpm)

ハ　30000〜60000 min^{-1} (rpm)

ニ　300000〜600000 min^{-1} (rpm)

7　リード外装に電気めっきを施す際に製品に接続する電極の極性として、正しいものはどれか。

イ　陰極

ロ　交流極

ハ　陽極

ニ　陽極、陰極どちらでもよい

8　文中の(　　)に当てはまる語句の組合せとして、正しいものはどれか。

超音波併用熱圧着ワイヤボンディングにおいて、第1ボンドが剥がれる要因としては、超音波出力が(　A　)こと、チップ電極上が(　B　)していること、(　C　)上に異物があること等が主な原因として考えられる。

	A	B	C
イ	高い	酸化	フレーム押え
ロ	低い	酸化	ステージ
ハ	高い	窒化	ステージ
ニ	低い	窒化	フレーム押え

［B群（多肢択一法）］

9　パッケージのマーキング工程に用いられるレーザ加工方式で、次のうち、短時間に品種交換が可能なものはどれか。

イ　スクリーンマスク方式

ロ　金属マスク方式

ハ　ガラスマスク方式

ニ　液晶マスク方式

10　フルカットのダイシング方式の場合、ウェーハの切り残し不良の原因として、適切なものはどれか。

イ　ウェーハの厚みのバラツキ

ロ　貼り付けシートの厚みのバラツキ

ハ　ブレードの摩耗のバラツキ

ニ　洗浄水の純度のバラツキ

11　ダイボンディングで使用する樹脂接着剤に関する記述として、誤っているものはどれか。

イ　導電性接着剤には、エポキシ樹脂中に銀粉を混ぜたものが一般に使用されている。

ロ　チップ表面に直接接触しないので、接着剤中の不純物は、信頼性上、問題とならない。

ハ　Au-Si共晶接合法に比べ、チップへの応力を小さく抑えることができる。

ニ　Au-Si共晶接合法に比べ、低コストである。

12　文中の(　　)内に当てはまる語句の組合せとして、正しいものはどれか。

ダイボンディングに用いられるAgペーストは、一般に、(　①　)を持っており、スクラブなどの外力により流動性が(　②　)という特徴がある。

	①	②
イ	レオペキシー性	減る
ロ	レオペキシー性	増す
ハ	チクソトロピー性	減る
ニ	チクソトロピー性	増す

13　文中の(　　)内に当てはまる語句の組合せとして、適切なものはどれか。

QFPよりもさらに多ピン化に対応できる表面実装型パッケージとして、エリアアレイ型パッケージの代表である(　A　)のパッケージ基材は、(　B　)材料からできている。

	A	B
イ	PPGA	セラミック
ロ	PBGA	有機樹脂
ハ	PPGA	有機樹脂
ニ	PBGA	セラミック

［B群（多肢択一法）］

14　Cu系リードフレーム材と42アロイリードフレーム材を比較した場合、その素材の一般的な記述として、正しいものはどれか。

イ　電気抵抗率は、Cu系材のほうが高い。

ロ　引張強度は、42アロイ材のほうが強い。

ハ　熱伝導度は、Cu系材のほうが低い。

ニ　熱膨張係数は、42アロイ材のほうが大きい。

15　モールド樹脂中のフィラー量に関する一般的な記述として、正しいものはどれか。

イ　フィラー量を増やしていくと、熱伝導率は高くなっていく。

ロ　フィラー量を増やしていくと、線膨張係数は大きくなっていく。

ハ　フィラー量を減らしていくと、吸湿量は低くなっていく。

ニ　フィラー量を減らしていくと、最低溶融粘度は高くなっていく。

16　次のうち、両面実装に適したパッケージの組合せはどれか。

イ　ZIP、DIP、QIP、PGA

ロ　LCC、PLCC、TSOP、SIP

ハ　QFN、SOP、SOJ、PLCC

ニ　SIP、BGA、QFN、QFP

17　BGAパッケージ用基板の製造工程にないものはどれか。

イ　電解・無電解めっき

ロ　露光現像

ハ　エッチング

ニ　リード成形

18　次のうち、耐湿性の最も高いパッケージはどれか。

イ　タブレットを用いてトランスファモールドされたパッケージ

ロ　液状の熱硬化性レジンを用いてポッティングしたパッケージ

ハ　積層セラミックをシームウェルドしたパッケージ

ニ　液状のUV硬化レジンを用いてスクリーン印刷したパッケージ

19　超音波併用熱圧着ボンダのループ高さに直接関係しないパラメータはどれか。

イ　ボンディングキャピラリの軌跡

ロ　USパワー

ハ　ワイヤテンション

ニ　Au線硬度

［Ｂ群（多肢択一法）］

20　ワイヤボンディング工程で使われる器工具の組合せとして、正しいものはどれか。
- イ　キャピラリ、マルチノズル、ウィンドクランパ、エジェクタピン
- ロ　キャピラリ、ウィンドクランパ、ワイヤクランパ、コレット
- ハ　マルチノズル、ワイヤクランパ、コレット、ウェッジ
- ニ　ウェッジ、キャピラリ、ウィンドクランパ、ワイヤクランパ

21　モールド金型のエアベントの機能に関する記述として、正しいものはどれか。
- イ　金型内の空気を逃がす。
- ロ　金型内に空気を溜める。
- ハ　金型内へ空気を注入する。
- ニ　金型内の空気を圧縮する。

22　文中の(　　　)内に当てはまる語句の組合せとして、正しいものはどれか。

Auワイヤボンダにおいて、ホーン先端の(　①　)にAu線が詰まった場合には、取り外して、(　②　)により洗浄する。

	①	②
イ	ウェッジ	フッ化水素酸
ロ	ウェッジ	王水
ハ	キャピラリ	フッ化水素酸
ニ	キャピラリ	王水

23　次のうち、暴露試験でないものはどれか。
- イ　塩水噴霧試験
- ロ　亜硫酸ガス試験
- ハ　PCT(プレッシャークッカー試験)
- ニ　PIND試験

24　封止工程における樹脂バリ不良の防止方法として、誤っているものはどれか。
- イ　金型の精度を高める。
- ロ　金型クランプ圧力を高くする。
- ハ　射出圧力を高くする。
- ニ　リードフレーム(基板)の精度を高める。

［B群（多肢択一法）］

25　文中の(　　)内に当てはまる語句の組合せとして、適切なものはどれか。

クリーンルームの塵埃《じんあい》除去に用いられる高性能フィルタの一つであるULPAフィルタは、塵埃《じんあい》捕集率がHEPAフィルタに比べて(　A　)、これらのフィルタの塵埃《じんあい》捕集率は(　B　)法で表す。

	A	B
イ	高く	計数
ロ	低く	計数
ハ	高く	重量
ニ	低く	重量

令和元年度 技能検定
1級 半導体製品製造 学科試験問題
（集積回路組立て作業）

1. 試験時間　1時間40分
2. 問題数　50題(A群25題、B群25題)
3. 注意事項

(1) 係員の指示があるまで、この表紙はあけないでください。

(2) 答案用紙(真偽法と多肢択一法の併用)に検定職種名、作業名、級別、受検番号、氏名を必ず記入してください。

(3) 係員の指示に従って、問題数を確かめてください。それらに異常がある場合は、黙って手を挙げてください。問題はA群(真偽法)とB群(多肢択一法)とに分かれています。

(4) 試験開始の合図で始めてください。

(5) 解答の方法(真偽法と多肢択一法の併用)は次のとおりです。

イ． A群の問題(真偽法)は、一つ一つの問題の内容が正しいか、誤っているかを判断して解答してください。

ロ． B群の問題(多肢択一法)は、正解と思うものを一つだけ選んで、解答してください。二つ以上に解答した場合は誤答となります。

ハ． 答案用紙(マークシート用紙)へ解答する際は、答案用紙に記載されている注意事項に従ってください。

ニ． 答案用紙の解答欄は、A群の問題とB群の問題とでは異なります。所定の解答欄に、試験問題の題数に応じて解答してください。解答欄はA群は50題まで、B群は25題まで解答できるようになっています。

(6) 電子式卓上計算機その他これと同等の機能を有するものは、使用してはいけません。

(7) 携帯電話等は、使用してはいけません。

(8) 試験中、質問があるときは、黙って手を挙げてください。ただし、試験問題の内容、漢字の読み方等に関する質問にはお答えできません。

(9) 試験終了時刻前に解答ができあがった場合は、黙って手を挙げて、係員の指示に従ってください。

(10) 試験中に手洗いに立ちたいときは、黙って手を挙げて、係員の指示に従ってください。

(11) 試験終了の合図があったら、筆記用具を置き、係員の指示に従ってください。

[A群(真偽法)]

1　FETとは、電界効果トランジスタのことである。

2　高純度SiにAsやSbを添加すると、P型半導体になる。

3　磁界の作用を受けて半導体内のキャリアにローレンツ力が働き、試料の片側にキャリアの蓄積が発生することにより、電圧が発生することをホール効果と呼ぶ。

4　CMOSインバータ回路は、スイッチング時のみに過渡電流が流れる。

5　Pチャネルのエンハンスメント形MOSFETのゲート電極に正の電圧を印加すると、ソース、ドレイン間が導通する。

6　半導体中のキャリアは、高濃度領域から低濃度領域に流れる。このようなキャリアの移動に基づく電流を拡散電流と呼ぶ。

7　Au、Ag、Cu、Alのうち、常温において導電率の最も大きいものはAuである。

8　2 pFのコンデンサが2個、4 pFのコンデンサが1個ある。これらの3個のコンデンサを直列に接続したときの合成静電容量は、0.8 pFである。

9　ウェーハの厚さを薄くする方法としては、バックグラインディング、ダイシング及び両方を組み合わせたものの3つがある。

10　エピタキシャル成長させたSi中には、多くの結晶欠陥が含まれるため、成長後にアニールする必要がある。

11　固定費を下げると、損益分岐点は低くなる。

12　IE(生産工学)における手待ち時間とは、前の工程からの半製品や材料待ちなどにより実作業を行っていない待ち時間のことである。

13　日本工業規格(JIS)によれば、以下の図記号は「NPNトランジスタ」である。

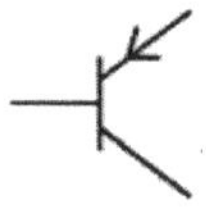

14　労働安全衛生法関係法令によれば、作業場の照度は、普通の作業をする作業面では1,500ルクス以上必要であると規定されている。

[A群(真偽法)]

15 オゾン層保護対策として、「CO_2回収破壊法」に基づき、CO_2等の回収・破壊を実施している。

16 シュリンクDIPのリード曲げ加工を行う場合、パッケージ樹脂側面をテコにしてリードを曲げるのが一般的である。

17 多層セラミックパッケージのアウターリード部の下地めっきとして施されるNiめっきの目的の一つに、防錆がある。

18 フルカットモードでのダイシングの場合は、ハーフカットモードに比べて、ダイシング後にブレーキングする必要がない。

19 メニスコグラフ法は、外装めっき後のアウタリードのはんだ濡れ性を検査するのに使われる方法である。

20 パッケージの熱変形を測定する方法として、モアレ干渉法がある。

21 封止樹脂の流動特性を評価する方法の一つとして、スパイラルフローがある。

22 表面実装タイプのプラスチックパッケージは、エアーリフロー前の保管において吸湿の管理が必要である。

23 封止金型のエアベントの溝の深さは、100～200 μmである。

24 クリーンルーム内の静電気対策は、製品の静電破壊に対するものであり、防塵対策とは無関係である。

25 シーム溶接封止作業は、不活性雰囲気中もしくは、真空中で行う。

[B群(多肢択一法)]

1　Siの結晶構造として、正しいものはどれか。

イ　単純立方結晶

ロ　体心立方結晶

ハ　せん亜鉛鉱型結晶

ニ　ダイヤモンド型結晶

2　次の論理記号の真理値表として、正しいものはどれか。

イ

A	B	Y
0	0	0
0	1	0
1	0	0
1	1	1

ロ

A	B	Y
0	0	0
0	1	1
1	0	1
1	1	1

ハ

A	B	Y
0	0	1
0	1	1
1	0	1
1	1	0

ニ

A	B	Y
0	0	1
0	1	0
1	0	0
1	1	0

3　NMOS LSIと比較した場合、CMOS LSIの特徴として、正しいものはどれか。

イ　消費電力が大きい。

ロ　スイッチングの動作マージンが狭い。

ハ　低電圧動作が難しい。

ニ　製造プロセスが複雑で長い。

[B群(多肢択一法)]

4 n個のデータがx_1、x_2、x_3、・・・、x_nであり、その平均値(母平均)がμ_0であった。標準偏差(母標準偏差)σを求める式として、正しいものはどれか。

イ $\sigma=\sqrt{\dfrac{(x_1-\mu_0)^2+(x_2-\mu_0)^2+(x_3-\mu_0)^2+\cdots+(x_n-\mu_0)^2}{n}}$

ロ $\sigma=\sqrt{\dfrac{(x_1-\mu_0)+(x_2-\mu_0)+(x_3-\mu_0)+\cdots+(x_n-\mu_0)}{n}}$

ハ $\sigma=\sqrt{\dfrac{(x_1-\mu_0)^2+(x_2-\mu_0)^2+(x_3-\mu_0)^2+\cdots+(x_n-\mu_0)^2}{n^2}}$

ニ $\sigma=\sqrt{\dfrac{(x_1-\mu_0)+(x_2-\mu_0)+(x_3-\mu_0)+\cdots+(x_n-\mu_0)}{n^2}}$

5 平均故障間隔と平均修復時間に関する式として、正しいものはどれか。

イ $\mathrm{MTBF}=\dfrac{\text{稼働時間の合計}}{\text{故障の回数}}$、$\mathrm{MTTR}=\dfrac{\text{故障による停止時間の合計}}{\text{故障の回数}}$

ロ $\mathrm{MTBF}=\dfrac{\text{故障の回数}}{\text{稼働時間の合計}}$、$\mathrm{MTTR}=\dfrac{\text{故障の回数}}{\text{故障による停止時間の合計}}$

ハ $\mathrm{MTBF}=\dfrac{\text{故障による停止時間の合計}}{\text{故障の回数}}$、$\mathrm{MTTR}=\dfrac{\text{稼働時間の合計}}{\text{故障の回数}}$

ニ $\mathrm{MTBF}=\dfrac{\text{故障の回数}}{\text{故障による停止時間の合計}}$、$\mathrm{MTTR}=\dfrac{\text{故障の回数}}{\text{稼働時間の合計}}$

6 文中の(　　)内に入る語句として、適切なものはどれか。

バーンインテストの方式にはいくつかあるが、高温状態で被試験半導体に一定電圧と駆動信号を印加するだけで、被試験半導体の出力ピンの波形をモニタリングしない方式のバーンインテストを(　　)バーンインテストという。

イ スタティック
ロ ダイナミック
ハ モニタ
ニ リキッド

[B群(多肢択一法)]

7　ダイシング工程に関する記述として、誤っているものはどれか。

イ　ダイシングブレードのと粒は、ダイヤモンドである。

ロ　洗浄水には、一般に、純水に炭酸ガスを溶解したものを使用する。

ハ　スピンドルの回転数は、3,000 rpm(min^{-1})程度である。

ニ　ダイシングのカット状態は、カーフ幅やチッピング幅で管理する。

8　文中の(　　)内に入る語句の組合せとして、適切なものはどれか。

トランスファモールドにおけるプラスチックパッケージの成形性は、主に封止材料の(　A　)、封止用の(　B　)、トランスファモールドの(　C　)に支配される。

	A	B	C
イ	耐溶剤性	プレス冷却構造	成形材料
ロ	接着強度	室内温度	硬化反応
ハ	高速特性	オーブン構造	耐圧条件
ニ	流動特性	金型の構造	成形条件

9　文中の(　　)内に当てはまる語句の組合せとして、正しいものはどれか。

フリップチップボンディングを行う際には、(　A　)上に(　B　)を形成し、接続する時には、その面を基板やパッケージの表面に対向させてボンディングを行う。

	A	B
イ	チップ表面	バンプ
ロ	チップ裏面	バンプ
ハ	チップ表面	パッド
ニ	チップ裏面	パッド

10　Auボールボンディングでボール形成に影響を与える要因として、不適切なものはどれか。

イ　トーチ距離

ロ　接合荷重

ハ　電気トーチパワー

ニ　テール量(長さ)

11　リードフレームの材質である42アロイに関する記述として、適切なものはどれか。

イ　NiとFeの合金であり、Niの量が約42 wt%である。

ロ　NiとFeの合金であり、Feの量が約42 wt%である。

ハ　CuとFeの合金であり、Cuの量が約42 wt%である。

ニ　CuとFeの合金であり、Feの量が約42 wt%である。

[Ｂ群(多肢択一法)]

12　文中の(　　)内に当てはまる語句として、適切なものはどれか。
Siのウェーハのエッチングに用いられる薬品は、一般に、(　　)の混合液である。
イ　硝酸、フッ化水素酸
ロ　硝酸、硫酸
ハ　硫酸、フッ化水素酸
ニ　硝酸、塩酸

13　文中の(　　)内に当てはまる語句の組合せとして、適切なものはどれか。
モールド樹脂等の高分子材料では、ガラス転移点(Tg)を超えるとヤング率は(　Ａ　)がり、線膨張係数(　Ｂ　)。

	Ａ	Ｂ
イ	上	も上がる
ロ	下	は上がる
ハ	下	も下がる
ニ	上	は下がる

14　プラスチックパッケージでチップとリードの接続にAu線を使う理由として、誤っているものはどれか。
イ　Auは、AlやCuよりも電気を通しやすい。
ロ　Auは、ボールを形成する際に大気中でも酸化せずに、容易に真球ができやすい。
ハ　Auは、展延性が大きく、樹脂の充填時や充填後の応力に対し、断線しにくい。
ニ　Auは、樹脂中の不純物や水分などで腐食しにくい。

15　次に示すダイボンディング工程で用いられる接合材料のうち、接合温度が最も高温のものはどれか。
イ　はんだ
ロ　Au-Si共晶
ハ　DAF(ダイアタッチフィルム)
ニ　樹脂ペースト

16　文中の(　　)内に当てはまる語句の組合せとして、適切なものはどれか。
(　Ａ　)は主にメモリデバイスで使用されており、比較的少ピンである。一方、(　Ｂ　)は(　Ａ　)に比べて多ピンのリードを有しており、ロジックICに多く用いられる。

	Ａ	Ｂ
イ	ZIP	DIP
ロ	SIP	QFP
ハ	TSOP	QFP
ニ	TSOP	QIP

[Ｂ群(多肢択一法)]

17　プラスチックBGAタイプのパッケージに関する記述のうち、正しいものはどれか。

イ　モールド樹脂によって封止されていない。

ロ　パッケージの4辺全てからリード端子が出ている。

ハ　パッケージ裏面にはんだボールが搭載されている。

ニ　挿入型パッケージである。

18　次のうち、ノンリード型パッケージの組合せとして、正しいものはどれか。

イ　FBGA、HSOP

ロ　LQFP、TLGA

ハ　SDIP、HSIP

ニ　QFN、SON

19　超音波併用熱圧着ワイヤボンディングで、ボンドピッチを小さくするための方法として、誤っているものはどれか。

イ　ボンディング位置精度を上げる。

ロ　ボトルネックキャピラリを使用する。

ハ　Auボールを小さくする。

ニ　ウェッジ設計を最適化する。

20　装置と使用工程との組合せとして、適切なものはどれか。

	装置	使用工程
イ	CO_2バブラ	めっき
ロ	超音波ボンダ	モールディング
ハ	ディスペンサ	ダイボンディング
ニ	ウォータージェット	ワイヤボンディング

21　文中の(　　)内に当てはまる語句の組合せとして、適切なものはどれか。

超音波併用熱圧着ワイヤボンディングでは電気トーチで(　Ａ　)を作る。その際、ボンディングワイヤの先端とトーチ電極とのギャップは(　Ｂ　)である。

	Ａ	Ｂ
イ	Alボール	0.05 ～ 0.1 mm
ロ	Auボール	0.05 ～ 0.1 mm
ハ	Alボール	0.5 ～ 1 mm
ニ	Auボール	0.5 ～ 1 mm

［B群(多肢択一法)］

22　文中の(　　)内に当てはまる語句の組合せとして、適切なものはどれか。

バックグラインディング工程で、砥石の直径、回転数及び周速度の関係は、直径が(　A　)ほど、及び回転数が(　B　)ほど、周速度は高くなる。

	A	B
イ	小さい	低い
ロ	小さい	高い
ハ	大きい	低い
ニ	大きい	高い

23　文中の(　　)内に当てはまる語句の組合せとして、適切なものはどれか。

プラスチックパッケージのワイヤ変形の検査には(　A　)を用い、樹脂とリードの密着性の検査には(　B　)が用いられる。

	A	B
イ	ソフト(軟)X線	SAT(超音波探傷法)
ロ	SAT(超音波探傷法)	ソフト(軟)X線
ハ	蛍光X線	β線式膜厚計
ニ	β線式膜厚計	蛍光X線

24　樹脂モールド半導体における不良の一つにAl腐食がある。Al腐食の対策として、誤っているものはどれか。

イ　チップ表面を保護するために、チップ表面にポリイミド等を塗布する。

ロ　耐湿性を向上させるために、パッシベーション膜にはPSG(リンケイ酸ガラス)ではなく、SiN(シリコンナイトライド)を使用する。

ハ　モールド樹脂による電解質の生成がされないように、モールド樹脂中のClやNaなどを抑制する。

ニ　腐食を進行しにくくするために、Al電極端子間の電位差が大きくなるようにする。

25　風速0.5 m/sのダウンフロー方式の清浄度クラス5クリーンルームにおいて、8 インチ(ϕ200 mm)ウェーハを10 秒間放置した場合、ウェーハ表面上に到達する0.5 μm以上の粒子の数として、最も近いものはどれか。(清浄度クラス5の0.5 μmの粒子の最大個数として3500 個/m^3で計算すること)

イ　5 個

ロ　55 個

ハ　550 個

ニ　5500 個

平成30年度 技能検定
1級 半導体製品製造 学科試験問題
(集積回路組立て作業)

1. 試験時間　1時間40分
2. 問題数　50題(A群25題、B群25題)
3. 注意事項

(1) 係員の指示があるまで、この表紙はあけないでください。

(2) 答案用紙(真偽法と多肢択一法の併用)に検定職種名、作業名、級別、受検番号、氏名を必ず記入してください。

(3) 係員の指示に従って、問題数を確かめてください。それらに異常がある場合は、黙って手を挙げてください。問題はA群(真偽法)とB群(多肢択一法)とに分かれています。

(4) 試験開始の合図で始めてください。

(5) 解答の方法(真偽法と多肢択一法の併用)は次のとおりです。

イ. A群の問題(真偽法)は、一つ一つの問題の内容が正しいか、誤っているかを判断して解答してください。

ロ. B群の問題(多肢択一法)は、正解と思うものを一つだけ選んで、解答してください。二つ以上に解答した場合は誤答となります。

ハ. 答案用紙(マークシート用紙)へ解答する際は、答案用紙に記載されている注意事項に従ってください。

ニ. 答案用紙の解答欄は、A群の問題とB群の問題とでは異なります。所定の解答欄に、試験問題の題数に応じて解答してください。解答欄はA群は50題まで、B群は25題まで解答できるようになっています。

(6) 電子式卓上計算機その他これと同等の機能を有するものは、使用してはいけません。

(7) 携帯電話等は、使用してはいけません。

(8) 試験中、質問があるときは、黙って手を挙げてください。ただし、試験問題の内容、漢字の読み方等に関する質問にはお答えできません。

(9) 試験終了時刻前に解答ができあがった場合は、黙って手を挙げて、係員の指示に従ってください。

(10) 試験中に手洗いに立ちたいときは、黙って手を挙げて、係員の指示に従ってください。

(11) 試験終了の合図があったら、筆記用具を置き、係員の指示に従ってください。

[A群(真偽法)]

1　シリコンエピタキシャル成長の際、ドーピング材を変えることで、基板と異なる導電形(N形、P形)や抵抗率を持つシリコン層を作ることができる。

2　半導体は、波長の短い光を照射されるとキャリアが増加して電気抵抗が低くなる。

3　Si中にBを添加するとP形半導体を、PやAsを添加するとN形半導体を形成することができる。

4　NPNトランジスタにおいて、ベース電流とは、主に、ベースからコレクタに流れる電流のことである。

5　PN接合に順方向バイアスを印加した場合、接合界面の内部電位が減少して電流が流れ始める。

6　SMTとは、電子部品のリードを基板に挿入してはんだ付けする実装方式のことである。

7　室温(300K)において、Au、Ag、Cu、Alのうち、導電率の最も大きいものはAgである。

8　コンデンサに正弦波交流電圧を印加した場合、電流は電圧に対してπ／2だけ位相が進む。

9　ワイヤボンディングで使用されるボンディング方式として、はんだ接続法がある。

10　バックグラインディングは、ウェーハの側面を削ってチップの寸法を小さくする工程である。

11　ウェーハプロセス歩留り80%、組立て・試験歩留り90%のICを10,000個出荷するためには、ウェーハプロセスへの投入は12,500個分のウェーハでよい。

12　装置の故障に関する信頼性の尺度の一つとしてMTBFが用いられ、値が大きいほど信頼性が高い。

13　日本工業規格(JIS)によれば、下図の電気用図記号は、NPNトランジスタを表している。

[A群(真偽法)]

14　水素は、空気中での爆発限界(容量%)が約4～75%と広く、引火や爆発に十分注意が必要である。

15　循環型社会形成推進基本法によれば、「循環型社会」とは、製品等が廃棄物等となることが抑制され、並びに製品等が循環資源となった場合においてはこれについて適正に循環的な利用が行われることが促進され、及び循環的な利用が行われない循環資源については適正な処分が確保され、もって天然資源の消費を抑制し、環境への負荷ができる限り低減される社会をいう。

16　テープキャリア法(TAB)は、リードフレーム上に形成された銅箔リードにチップをボンディングする方法である。

17　N－メチルピロリドン(NMP)は、封止樹脂のバリ取りに用いられる。

18　熱圧着ワイヤボンディングで、1次側、2次側とも正常にボンディングされた場合、引張強度試験での金線の切断モードは、2次側のネック部で切れることが多い。

19　PCT試験は、樹脂封止パッケージの耐湿性を評価する方法である。

20　プラスチックパッケージのモールド樹脂の最低溶融粘度を評価する方法として、スパイラルフローがある。

21　モールド金型のキャビティ内をクリーニングする樹脂として、メラミン系の樹脂が使用される。

22　熱圧着ワイヤボンディングでループ高さを低くするとボールの近くでワイヤ切れを起こすことがある。

23　モールド工程にて発生する樹脂バリの程度は、モールド金型の加工精度、型合せ精度及び装置への取付状態に大きく左右される。

24　日本工業規格(JIS)によれば、クリーンルームの清浄度を表すクラス5とは、その部屋の空気1m^3中に含まれる0.5μm以上の粒子の数が3520個以下であることを表している。

25　シーム溶接封止作業は、加湿した空気雰囲気中で行われなければならない。

[B群(多肢択一法)]

1　Si結晶の融点として、次のうち最も適切なものはどれか。

イ　1410℃～1420℃
ロ　1510℃～1520℃
ハ　1610℃～1620℃
ニ　1710℃～1720℃

2　n段のインバータチェーンを考えたとき、入力が「1」のときの出力として、正しいものはどれか。

イ　nに関係なく「1」となる。
ロ　nに関係なく「0」となる。
ハ　nが偶数の時は「1」となり、nが奇数の時は「0」となる。
ニ　nが偶数の時は「0」となり、nが奇数の時は「1」となる。

3　文中の(　　)内に当てはまる語句の組合せとして、正しいものはどれか。

MOSFETの(　A　)から(　B　)へ移動するキャリアが、(　B　)近傍で、チャネル電界で加速され、Si－SiO_2界面のエネルギー障壁を乗り越えるのに十分なエネルギーを持った場合、これらのキャリアのことを(　C　)という。

	A	B	C
イ	ソース	ドレイン	ホットキャリア
ロ	ソース	ドレイン	ハイキャリア
ハ	ドレイン	ソース	ホットキャリア
ニ	ドレイン	ソース	ハイキャリア

4　正規分布に従う統計量において、中心から左右に、それぞれ3σ(シグマ)以上離れたデータが出現する確率はどれか。

イ　約32%
ロ　約 5%
ハ　約 0.3%
ニ　約 0.006%

[B群(多肢択一法)]

5　下図は、LSIの故障率モデルとしてよく知られているバスタブ・カーブ(故障率の時間的推移)である。図中の(　　)の期間として、適切な組合せはどれか。

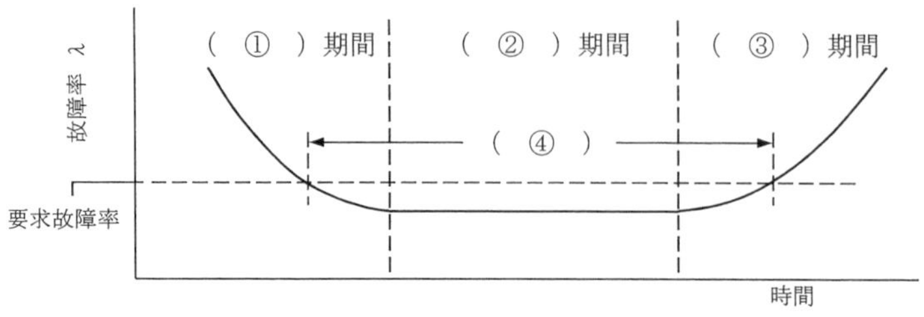

	①	②	③	④
イ	初期故障	偶発故障	摩耗故障	低歩留期間
ロ	偶発故障	初期故障	摩耗故障	低歩留期間
ハ	初期故障	摩耗故障	偶発故障	耐用寿命
ニ	初期故障	偶発故障	摩耗故障	耐用寿命

6　文中の(　　)内に当てはまる語句の組合せとして、正しいものはどれか。

超音波併用熱圧着ワイヤボンディングでは、一般に、不純物が少なく、(①)以上の高い純度のAu線を使用し、できるだけ(②)のボールを形成できるようにする。ボール形成時の(③)はAuへの添加元素の種類やスパーク電流の大きさで変化する。

	①	②	③
イ	99.99%	真球	再結晶部長さ
ロ	99.99%	楕円球	再結晶部長さ
ハ	99%	真球	ワイヤカール
ニ	99%	楕円球	ワイヤカール

7　文中の(　　)内に当てはまる語句の組合せとして、最も適切なものはどれか。

ワイヤボンディングで用いられるAu線とチップのAl電極との接合による金属間化合物は、高温下にさらされると、カーケンダル(A)が発生し、結果として、(B)不良に至ることがある。

	A	B
イ	リーク	ショート
ロ	腐食	ショート
ハ	ボイド	オープン
ニ	クラック	オープン

[Ｂ群(多肢択一法)]

8　QFPとBGAを最初に開発、製品化した国として、正しいものはどれか。

イ　QFP、BGAとも米国である。

ロ　QFP、BGAとも日本である。

ハ　QFPは米国、BGAは日本である。

ニ　QFPは日本、BGAは米国である。

9　文中の(　　)に当てはまる語句の組合せとして、正しいものはどれか。

ウェーハの(　A　)やチップのピックアップ時の(　B　)によるマイクロクラックの残留により、ユーザーでの実装時に(　C　)不良が発生することがある。

	A	B	C
イ	バックグラインディング	コレット	Al腐食
ロ	Alエッチング	スクラブ	Al腐食
ハ	バックグラインディング	ノズル	チップクラック
ニ	バックグラインディング	突き上げピン	チップクラック

10　文中の(　　)内に当てはまる語句の組合せとして、正しいものはどれか。

超音波併用熱圧着ワイヤボンディングにおいて、第１ボンドのボール径が大きくなる原因は、超音波出力が(　A　)こと、超音波の印加時間が(　B　)こと、あるいはボンディング荷重が(　C　)ことが考えられる。

	A	B	C
イ	低すぎる	長すぎる	大きすぎる
ロ	低すぎる	短かすぎる	小さすぎる
ハ	高すぎる	長すぎる	大きすぎる
ニ	高すぎる	短かすぎる	小さすぎる

11　リードフレームはその製造方法から、エッチングフレームとスタンピングフレーム(プレスフレーム)に分けられるが、スタンピングフレームに関する記述として適切なものはどれか。

イ　めっきを除くリードフレーム製造工程の中でマスクを使用する。

ロ　量産性に優れ、量が多ければコストが安くなる。

ハ　新しいフレームを発注した時の納期が短い。

ニ　42アロイのみに適用し、Cuは適用しない。

12　ダイボンディングで使用する樹脂接着剤に関する記述として、正しいものはどれか。

イ　導電性接着剤は、エポキシ樹脂中に鉄粉を混ぜた複合材料が一般的に使用されている。

ロ　導電性接着剤はチップ表面に直接接触しないので、接着剤中の不純物は信頼性上の問題とならない。

ハ　導電性接着剤は、Au－Si共晶法に比べ、チップへの応力を小さく抑えることができる。

ニ　導電性接着剤は、Au－Si共晶法に比べ、一般に、高コストとなる欠点がある。

[B群(多肢択一法)]

13 次に示すダイボンディング工程で用いられる接合材料のうち、接合温度が最も高温のものはどれか。

イ はんだ

ロ Au-Si共晶

ハ DAF(ダイアタッチフィルム)

ニ 樹脂ペースト

14 モールド樹脂中のフィラー量に関する一般的な記述として、正しいものはどれか。

イ フィラー量を増やしていくと、熱伝導率は高くなっていく。

ロ フィラー量を増やしていくと、線膨張係数は大きくなっていく。

ハ フィラー量を減らしていくと、吸湿量は低くなっていく。

ニ フィラー量を減らしていくと、最低溶融粘度は高くなっていく。

15 ワイヤボンディングに使用されないワイヤの材質はどれか。

イ Au

ロ Al

ハ Fe

ニ Cu

16 表面実装型パッケージの組合せはどれか。

イ SOP、ZIP

ロ BGA、DIP

ハ BGA、QFP

ニ QFP、DIP

17 文中の(　　)内に当てはまる語句の組合せとして、適切なものはどれか。

プラスチックQFPはセラミックQFPに比べて、パッケージのキャパシタンスは(A)、高速化対応という点での放熱特性は(B)。

	A	B
イ	低く	低い
ロ	高く	低い
ハ	低く	高い
ニ	高く	高い

18 JEITA(旧EIAJ)規格による端子間隔が通常より小さい又はパッケージ取付け高さが通常より低いパッケージの名称として、誤っているものはどれか。

イ SBGA

ロ SDIP

ハ TQFP

ニ TSOP

[Ｂ群(多肢択一法)]

19　パッケージの実装量産ラインで用いられるはんだ付け方法として、適切でないものはどれか。

　イ　VPS方式
　ロ　はんだごて方式
　ハ　リフロー方式
　ニ　噴流方式

20　集積回路組立て工程に用いられる器工具の組合せとして、誤っているものはどれか。

　イ　ダイシング工程：ブレード、スピンドル、パンチ
　ロ　ワイヤボンディング工程：ウィンドクランパ、キャピラリ、トルクレンチ
　ハ　モールディング工程：プランジャ、エジェクタピン、表面温度計
　ニ　リード加工工程：パンチ、ダイ、リード検査装置

21　文中の(　　)内に当てはまる語句の組合せとして、正しいものはどれか。

　超音波併用熱圧着ワイヤボンディングでは電気トーチで(　A　)を作る。その際、ボンディングワイヤの先端とトーチ電極とのギャップは(　B　)である。

	A	B
イ	Alボール	0.05 ～ 0.1mm
ロ	Auボール	0.05 ～ 0.1mm
ハ	Alボール	0.5 ～ 1mm
ニ	Auボール	0.5 ～ 1mm

22　トランスファモールドにおいて、不良と対処方法の組合せとして、誤っているものはどれか。

	不良	対処方法
イ	樹脂クラック	成形時間を短くする。
ロ	未充填	エアベントのクリーニング。
ハ	樹脂ボイド	樹脂の溶融粘度を下げる。
ニ	樹脂ピンホール	注入圧力を上げる。

23　文中の(　　)内に当てはまる語句の組合せとして、適切なものはどれか。

　プラスチックパッケージのワイヤボンディング接合強度の検査には(　A　)を用い、ワイヤループ変形の検査には(　B　)を用いる。

	A	B
イ	プルテスト	SAT
ロ	プルテスト	ソフト(軟)X線
ハ	ソフト(軟)X線	SAT
ニ	SAT	プルテスト

[B群(多肢択一法)]

24 薄型パッケージにおいて、パッケージ表面にAu線が露出する不良が発生した。この対策として、正しいものはどれか。

イ Au線を軟らかいものに変更した。

ロ スパイラルフローの長い封止樹脂に変更した。

ハ チップの厚さを厚くした。

ニ リードフレームにAuめっきを施した。

25 文中の(　　)内に当てはまる語句として、適切なものはどれか。

日本工業規格(JIS)によれば、クリーンルーム施設は、空気中の浮遊微粒子の清浄度クラスを保証するために、定期的に試験することが必要とされている。そして、この中では、クラス5より清浄なクラスでは、最大試験間隔は(　　)と記されている。

イ 1ケ月

ロ 3ケ月

ハ 6ケ月

ニ 12ケ月

半導体製品製造

正解表

令和2年度　2級　学科試験正解表
半導体製品製造（集積回路チップ製造作業）

真偽法

番号	1	2	3	4	5
正解	○	○	X	○	X

番号	6	7	8	9	10
正解	○	X	X	X	X

番号	11	12	13	14	15
正解	X	X	X	○	○

番号	16	17	18	19	20
正解	○	○	X	X	○

番号	21	22	23	24	25
正解	○	○	X	X	○

択一法

番号	1	2	3	4	5
正解	ロ	イ	ハ	ハ	ニ

番号	6	7	8	9	10
正解	ハ	ニ	ロ	イ	ロ

番号	11	12	13	14	15
正解	ハ	ニ	ハ	イ	イ

番号	16	17	18	19	20
正解	ニ	ロ	イ	ニ	イ

番号	21	22	23	24	25
正解	ハ	ニ	ロ	イ	ロ

令和元年度　2級　学科試験正解表
半導体製品製造（集積回路チップ製造作業）

真偽法

番号	1	2	3	4	5
正解	X	X	○	X	X

番号	6	7	8	9	10
正解	X	○	○	X	○

番号	11	12	13	14	15
正解	○	X	○	○	○

番号	16	17	18	19	20
正解	○	○	○	X	X

番号	21	22	23	24	25
正解	X	X	○	X	○

択一法

番号	1	2	3	4	5
正解	ロ	イ	ハ	イ	ハ

番号	6	7	8	9	10
正解	ハ	ハ	ハ	ロ	ニ

番号	11	12	13	14	15
正解	ニ	ハ	ロ	ニ	ニ

番号	16	17	18	19	20
正解	イ	ロ	ニ	イ	イ

番号	21	22	23	24	25
正解	ハ	ロ	ハ	ハ	ハ

平成 30 年度　2級　学科試験正解表
半導体製品製造（集積回路チップ製造作業）

真偽法

番号	1	2	3	4	5
正解	○	○	×	○	×

番号	6	7	8	9	10
正解	○	○	×	○	×

番号	11	12	13	14	15
正解	×	×	×	○	×

番号	16	17	18	19	20
正解	×	○	○	×	×

番号	21	22	23	24	25
正解	×	○	○	×	○

択一法

番号	1	2	3	4	5
正解	ロ	ハ	イ	イ	ニ

番号	6	7	8	9	10
正解	イ	ハ	イ	ニ	イ

番号	11	12	13	14	15
正解	ハ	イ	イ	イ	ニ

番号	16	17	18	19	20
正解	ニ	ロ	ロ	ロ	ハ

番号	21	22	23	24	25
正解	イ	ニ	ロ	ロ	ハ

令和２年度　１級　学科試験正解表
半導体製品製造（集積回路チップ製造作業）

真偽法

番号	1	2	3	4	5
正解	○	×	×	×	×

番号	6	7	8	9	10
正解	×	○	×	×	×

番号	11	12	13	14	15
正解	○	×	○	○	○

番号	16	17	18	19	20
正解	×	○	○	○	○

番号	21	22	23	24	25
正解	×	×	○	○	○

択一法

番号	1	2	3	4	5
正解	イ	ロ	イ	ハ	ニ

番号	6	7	8	9	10
正解	ニ	ハ	イ	ハ	ロ

番号	11	12	13	14	15
正解	イ	ロ	ニ	ハ	ニ

番号	16	17	18	19	20
正解	ニ	ハ	ロ	ハ	ロ

番号	21	22	23	24	25
正解	ロ	ニ	イ	ロ	イ

令和元年度　１級　学科試験正解表
半導体製品製造（集積回路チップ製造作業）

真偽法

番号	1	2	3	4	5
正解	○	×	○	○	×

番号	6	7	8	9	10
正解	○	×	○	×	×

番号	11	12	13	14	15
正解	○	○	×	×	×

番号	16	17	18	19	20
正解	×	○	○	×	○

番号	21	22	23	24	25
正解	×	○	×	×	○

択一法

番号	1	2	3	4	5
正解	ニ	イ	ニ	イ	イ

番号	6	7	8	9	10
正解	イ	ロ	ニ	イ	イ

番号	11	12	13	14	15
正解	ハ	ニ	ロ	ロ	ニ

番号	16	17	18	19	20
正解	ロ	ニ	ニ	ロ	ニ

番号	21	22	23	24	25
正解	ハ	ハ	ロ	ロ	イ

平成30年度　1級　学科試験正解表
半導体製品製造（集積回路チップ製造作業）

真偽法

番号	1	2	3	4	5
正解	○	○	○	×	○

番号	6	7	8	9	10
正解	×	○	○	×	×

番号	11	12	13	14	15
正解	×	○	×	○	○

番号	16	17	18	19	20
正解	×	○	○	○	○

番号	21	22	23	24	25
正解	○	×	○	×	○

択一法

番号	1	2	3	4	5
正解	イ	ハ	イ	ハ	ニ

番号	6	7	8	9	10
正解	ロ	ハ	ニ	ハ	イ

番号	11	12	13	14	15
正解	ハ	イ	ハ	ロ	イ

番号	16	17	18	19	20
正解	ニ	ハ	ハ	ハ	ニ

番号	21	22	23	24	25
正解	ニ	ロ	ニ	ロ	イ

令和２年度　２級　学科試験正解表
半導体製品製造（集積回路組立て作業）

真偽法

番号	1	2	3	4	5
正解	○	○	×	○	×

番号	6	7	8	9	10
正解	○	×	×	×	×

番号	11	12	13	14	15
正解	×	×	×	○	○

番号	16	17	18	19	20
正解	○	×	○	○	○

番号	21	22	23	24	25
正解	○	×	○	×	○

択一法

番号	1	2	3	4	5
正解	ロ	イ	ハ	ハ	ニ

番号	6	7	8	9	10
正解	ハ	ニ	ロ	ロ	ハ

番号	11	12	13	14	15
正解	ニ	イ	ロ	イ	ロ

番号	16	17	18	19	20
正解	ハ	ロ	ニ	イ	ハ

番号	21	22	23	24	25
正解	イ	ニ	ハ	イ	ニ

令和元年度　２級　学科試験正解表
半導体製品製造（集積回路組立て作業）

真偽法

番号	1	2	3	4	5
正解	×	×	○	×	×

番号	6	7	8	9	10
正解	×	○	○	×	○

番号	11	12	13	14	15
正解	○	×	○	○	○

番号	16	17	18	19	20
正解	×	○	○	×	×

番号	21	22	23	24	25
正解	○	○	×	○	×

択一法

番号	1	2	3	4	5
正解	ロ	イ	ハ	イ	ハ

番号	6	7	8	9	10
正解	ニ	イ	ハ	イ	ニ

番号	11	12	13	14	15
正解	ハ	ロ	イ	ニ	ハ

番号	16	17	18	19	20
正解	ロ	ロ	ニ	ハ	ハ

番号	21	22	23	24	25
正解	ロ	ロ	ロ	ニ	イ

平成30年度　2級　学科試験正解表
半導体製品製造（集積回路組立て作業）

真偽法

番号	1	2	3	4	5
正解	○	○	×	○	×

番号	6	7	8	9	10
正解	○	○	×	○	×

番号	11	12	13	14	15
正解	×	×	×	○	×

番号	16	17	18	19	20
正解	○	×	×	○	○

番号	21	22	23	24	25
正解	○	○	×	○	×

択一法

番号	1	2	3	4	5
正解	ロ	ハ	イ	イ	ニ

番号	6	7	8	9	10
正解	ニ	ロ	ロ	ロ	ニ

番号	11	12	13	14	15
正解	ニ	ニ	イ	ハ	イ

番号	16	17	18	19	20
正解	ニ	ロ	ロ	ニ	ロ

番号	21	22	23	24	25
正解	ハ	ニ	ロ	イ	イ

令和２年度　１級　学科試験正解表
半導体製品製造（集積回路組立て作業）

真偽法

番号	１	２	３	４	５
正解	○	×	×	×	×

番号	６	７	８	９	１０
正解	×	○	×	×	×

番号	１１	１２	１３	１４	１５
正解	○	×	○	○	○

番号	１６	１７	１８	１９	２０
正解	○	×	×	○	×

番号	２１	２２	２３	２４	２５
正解	○	×	○	×	×

択一法

番号	１	２	３	４	５
正解	イ	ロ	イ	ハ	ニ

番号	６	７	８	９	１０
正解	ハ	イ	ロ	ニ	ロ

番号	１１	１２	１３	１４	１５
正解	ロ	ニ	ロ	ロ	イ

番号	１６	１７	１８	１９	２０
正解	ハ	ニ	ハ	ロ	ニ

番号	２１	２２	２３	２４	２５
正解	イ	ニ	ニ	ハ	イ

令和元年度　１級　学科試験正解表
半導体製品製造（集積回路組立て作業）

真偽法

番号	１	２	３	４	５
正解	○	×	○	○	×

番号	６	７	８	９	１０
正解	○	×	○	×	×

番号	１１	１２	１３	１４	１５
正解	○	○	×	×	×

番号	１６	１７	１８	１９	２０
正解	×	○	○	○	○

番号	２１	２２	２３	２４	２５
正解	○	○	×	×	○

択一法

番号	１	２	３	４	５
正解	ニ	イ	ニ	イ	イ

番号	６	７	８	９	１０
正解	ロ	ハ	ニ	イ	ロ

番号	１１	１２	１３	１４	１５
正解	イ	イ	ロ	イ	ロ

番号	１６	１７	１８	１９	２０
正解	ハ	ハ	ニ	ニ	ハ

番号	２１	２２	２３	２４	２５
正解	ニ	ニ	イ	ニ	ハ

平成30年度　1級　学科試験正解表
半導体製品製造（集積回路組立て作業）

真偽法

番号	1	2	3	4	5
正解	○	○	○	×	○

番号	6	7	8	9	10
正解	×	○	○	×	×

番号	11	12	13	14	15
正解	×	○	×	○	○

番号	16	17	18	19	20
正解	×	○	×	○	×

番号	21	22	23	24	25
正解	○	○	○	○	×

択一法

番号	1	2	3	4	5
正解	イ	ハ	イ	ハ	ニ

番号	6	7	8	9	10
正解	イ	ハ	ニ	ニ	ハ

番号	11	12	13	14	15
正解	ロ	ハ	ロ	イ	ハ

番号	16	17	18	19	20
正解	ハ	イ	イ	ロ	イ

番号	21	22	23	24	25
正解	ニ	イ	ロ	ロ	ハ

・本書掲載の試験問題及び解答の内容についてのお問い合わせ等には、一切応じられませんのでご了承ください。
・試験問題について、都合により一部、編集しているものがあります。

平成30・令和元・2年度

1・2級 技能検定　試験問題集　76　半導体製品製造

令和3年8月　初版発行

監　修　中央職業能力開発協会

発　行　一般社団法人 雇用問題研究会

〒103-0002　東京都中央区日本橋馬喰町1-14-5 日本橋Kビル2階
TEL　03-5651-7071（代）　FAX　03-5651-7077
URL　http://www.koyoerc.or.jp

印　刷　株式会社ワイズ

223076

ISBN978-4-87563-675-5 C3000